Tatje Bartig-Prang

Breifrei

Als ihr erstes Kind auf die Welt kam, merkte **Tatje Bartig-Prang**, wie wenig ganzheitliche Angebote es für Mütter, Schwangere und Kleinkinder gibt. Das inspirierte die studierte Kulturwissenschaftlerin dazu, entsprechende Kurskonzepte zu entwickeln. Inzwischen berät sie deutschlandweit Eltern und bildet Fachpersonal fort rund um bindungsorientierte Elternschaft, babygeleitete Beikost (Baby-led weaning), Wickeln, Stoffwindelsysteme, das richtige Tragen und Hypnobirthing. Ein lockerer und liebevoller Umgang mit dem Baby steht dabei immer im Mittelpunkt. Die Autorin lebt mit ihrer Familie auf einem Bauernhof zwischen Rendsburg und Kiel. Ebenfalls von ihr bei TRIAS erschienen: „Pipi. Kacka.: Gutgewickelt – ruckzuck windelfrei“ und „Autogene Geburt: Mit Hypnobirthing selbstbestimmt gebären“.

Tatje Bartig-Prang

Breifrei

Baby-led Weaning: Einmal kochen – alle essen mit

TRIAS

Vorwort

Ich habe eine gute & eine schlechte Nachricht für Sie. Zuerst die schlechte: Sie bekommen von mir keinen Beikostplan. Sie werden nicht wissen, wann Sie Ihrem Baby was und in welchen Mengen zu essen geben müssen. Oh Schreck, denken Sie jetzt vielleicht. Dann kann es ja passieren, dass ich mein Kind völlig falsch ernähre? Vielleicht isst es dann zu viel, zu wenig, zu früh, zu spät oder bekommt dieses oder jenes nicht in der genau richtigen Menge?

Keine Panik! Sie müssen das alles gar nicht planen! Denn: Ihr Baby weiß viel besser als es irgendjemand sonst, was sein kleiner Körper braucht und verträgt. Starre Pläne und Befüllungstabellen sind weg vom Fenster: Schauen Sie stattdessen auf Ihr wunderschönes und völlig einzigartiges Baby. Mit ungefähr sechs Monaten beginnt es zu greifen, sich Essen in den Mund zu stecken und sitzt mit etwas Unterstützung aufrecht auf Ihrem Schoß. Das ist der Startschuss in eine super entspannte Beikostzeit, denn jedes gesunde Baby hat die Fähigkeit, aus einer ausgewogenen Auswahl an Nahrungsmitteln, ganz genau die Dinge auszuwählen, die es gerade braucht und die ihm am besten bekommen.

Ihr Baby entwickelt sich so wie in allen anderen Bereichen auch in seinem ganz eigenen Tempo und bringt erstaunliche Fähigkeiten mit, die wir besonders im ersten Lebensjahr staunend beobachten und begleiten dürfen.

Liebe Grüße
Ihre Tatje Bartig-Prang

Von der Hand in den Mund

Lecker, gesund, stressfrei und altbewährt: Warum Selberessen auch Besseressen ist – und zwar von Anfang an!

Adieu Pürierstab, Tschüss Gläschen

Da tut Scheiden nicht weh: Verabschieden Sie sich vom Extra-Kochen und staunen Sie über die genialen, angeborenen Fähigkeiten Ihres kompetenten Babys.

Breifrei – ein neuer Trend in der Babyernährung? Nein, ganz und gar nicht! Eher eine Babyernährung mit Tradition. Statt spezielle Babynahrungsmittel zuzubereiten oder gar zu kaufen, bekamen und bekommen die meisten Babys auf der Welt einfach eine geeignete Auswahl vom Familientisch. Um den sechsten Lebensmonat sind Babys reif für Beikost und zur gleichen Zeit entwickelt sich ihre Fähigkeit, gezielt Dinge zu greifen und in den Mund zu stecken. Das Besondere: Gesunde Babys, die ihre Nahrungsmittel selbst auswählen und selbstständig zum Mund führen dürfen, haben quasi einen eingebauten Ernährungsberater und greifen genau zu den Dingen, die der kleine Körper benötigt und führen sie sich in genau der richtigen Menge zu. Kein Grund mehr nach irgendwelchen Tabellen zu kochen, die sowieso alle paar Jahre komplett über den Haufen geworfen werden.

Verabschieden Sie sich vom planmäßigen Kaufen, Wiegen, Abmessen. Dünsten, Garen, Kochen. Matschen, Pürieren, Stampfen und Befüllen. Das muss nicht sein. Denn ein gesundes Kind muss Essen eben gar nicht »lernen«. Oder üben Sie mit Ihrem Baby Laufen, weil Sie Angst haben, es krabbelt sonst irgendwann einmal zur Schule?

Noch als mein erstes Kind schon auf der Welt war, dachte ich, dass Beikost ungefähr so funktioniert: Stillmahlzeiten auf fünf Stück runterfahren und dann nach und nach eine Mahlzeit nach der anderen durch Brei ersetzen.

Dass das Quatsch ist, dämmerte mir ziemlich schnell, weil ein nach Bedarf ernährtes Baby überhaupt nicht mit fünf Mahlzeiten auskommt. Meistens eher mit zehn ... oder zwanzig...

Ich hatte damals schon lockeren Kontakt zu einer us-amerikanischen Stillorganisation (hier in Deutschland vertreten durch http://www.lalecheliga.de/ und dort war »baby-led weaning« bereits ein Begriff. Ich verschlang die wenigen Informationen, die ich bekommen konnte – und merkte sofort: Das ist genau das Richtige für uns! Die Pastinaken, die mein Mann in vorauseilendem Gehorsam bereits im Garten gezogen hatte, aßen wir natürlich trotzdem, aber unpüriert und am Familientisch. Wenn ich mich richtig erinnere, haben wir die Pastinaken in dem Fall sogar ganz alleine gegessen, denn das Baby aß viel lieber etwas vom gleichzeitig servierten Rinderbraten. Durfte es auch. Und wir waren nicht sauer/enttäuscht/besorgt/ was auch immer und mussten nichts wegschmeißen/aufheben/in Eiswürfelbehältern einfrieren, weil wir es eben einfach selbst aßen und mochten. Allen ging und geht es mit dieser Methode gut. Ob das »Baby« inzwischen Pastinake essen würde, weiß ich übrigens nicht, denn die kam bei uns seither gar nicht mehr auf den Tisch. Baby Nummer zwei lebt ohne Pastinaken, »Früh-«Karotten und Belöffelung bisher übrigens ebenfalls glücklich und zufrieden.

Beikost war für uns also von Anfang an völlig unspektakulär, anders als bei fast allen unseren Freunden und Bekannten. Wenn die uns besuchten, brachten sie immer ein ganzes Gläser, Tupper und Löffelarsenal mit, ließen sich irgendwann zu einer vorgegebenen Zeit in unsere Mikrowelle einweisen, hantierten, rührten, kühlten und belöffelten fleißig und nicht selten schweißgebadet. Und eigentlich blieb jedes Mal ein ⅔ gefülltes Gläschen bei uns stehen. Nun ist es eine selten dämliche Idee zu seinen Freunden zu sagen: Hey, warum tut ihr euch das an – ich weiß da was viel Geileres! Jedenfalls sollte man das nicht tun, wenn man seine Freunde behalten will. Aber dass ich diese »neue, alte Beikost« ohne Tabellen und ohne Belöffeln mehr Menschen nahebringen wollte, stand für mich schnell fest. Und so gab ich 2012 meine ersten Breifrei-Workshops und bin seit Anfang 2015 bundesweit mit meinen Fortbildungen für Fachpersonal unterwegs –und die Eltern der ersten Stunde haben fast alle seitdem noch weitere Kinder bekommen, zu vielen meiner Klienten habe ich dank sozialer Medien weiter Kontakt und keiner ist, soweit ich weiß, jemals wieder zurückgekehrt zum Belöffeln nach Plan.

Welcher Breifrei-Typ sind Sie?

Jede Ähnlichkeit mit realen Personen ist rein zufälliger Natur – viel Spaß:

Meggie Makellos

Es ist Meggies erstes Kind und Sie hat alles durchgeplant und sich hervorragend informiert. Meggie hat schon vor der Geburt einen neuen Pürierstab, eine elektronische Präzisionswaage und einen Dampfgarer gekauft. Später hat sie die besten, teuersten und frischesten Bioprodukte besorgt und mit dem speziellen Beikostöl verfeinert, das Sieger bei Ökotest war. Als der Kalender den geplanten Beikoststart-Tag anzeigt, ist alles perfekt. Alles. Bis auf eine Kleinigkeit: Meggies Baby mag den perfekten Brei nicht. Aber Meggie Makellos, wäre nicht Meggie Makellos, wenn sie jetzt aufgeben würde. Alternativen müssen her – und da stößt sie bei einer Google-Suche auf baby-led weaning. Hmm, klingt gar nicht schlecht, aber so wirklich klar ist ihr das alles noch nicht. Mehr Informationen müssen her...

Meggies Breifrei-Style: So systematisch wie Meggie sich vorher mit dem Breikochen beschäftig hat, geht sie jetzt Breifrei an. Wenn irgendwo Pommes frites-Größe als Faustregel für von Essanfängern meist gut zu greifende Beikost angeben wird, zückt Meggie die Kunstschnitzutensilien, findet die DIN-Norm für ein Kartoffelstäbchen heraus und – handelt danach! Denn so ein bisschen Maß, Regel und Kontrolle braucht Meggie schon.

Rita Relaxed

Rita Relaxed hat erst ein Kind. Aber weil sie einfach immer entspannt bleibt, meint man fast, sie hätte schon sieben. Rita macht eigentlich das meiste nach Gefühl, und ihr Gefühl sagt ihr fast immer, dass weniger mehr ist. Im Babyfachmarkt sieht man Rita eigentlich nie, dafür auf Flohmärkten, Partys, Konzerten oder Grillfesten. Ritas Motto: Das passt schon. Und Gläser kaufen passt genau so wenig zu Ritas Lebensstil, wie für ihr Baby nach Plan zu kochen. Da erzählt Ritas Kollegin ihr von Breifrei...

Ritas Breifrei-Style: Rita liest einmal quer durch dieses Buch, versteht die Beikostreifezeichen und die Sicherheitsregeln und – legt los! Sie verschwendet weiter keinen Gedanken an Happengröße oder gar Rezepte. Das klappt bei Rita prima und sie versteht überhaupt nicht, wer über Breifrei mehr als eine Seite an Info braucht.

Frieda Freundeskreis

Frieda hat auch schon ein Kind und das mit dem Brei lief aus ihrer Sicht durchwachsen bis gut. Aber alle ihre Freundinnen machen jetzt »Breifrei« und da möchte sie nicht als Ewig-Gestrige dastehen. Deshalb guckt Sie sich das jetzt mal näher an, kann sich aber noch nicht so recht vorstellen, völlig auf den gewohnten Weg zu verzichten und denkt über Mischformen nach. Auf jeden Fall backt sie schon mal die hübschesten und leckersten Dinkelstangen – viel besser als die all ihrer Freundinnen!

Friedas Breifrei-Style: Frieda kauft oft Gläser und kocht ab und zu mal selber Brei. Immer mal wieder bietet sie ihrem Baby auch etwas zum in die Hand nehmen vom Familientisch an. Etwas Radikaleres kann sie sich im Moment nicht vorstellen: Sie ist mit vorsichtigen Ausflügen in die Breifrei-Welt total zufrieden und ihr Baby freut sich, dass es jederzeit essen darf, aber nicht muss.

Nelly Neu

Nelly ist vor ein paar Monaten zum zweiten Mal Mutter geworden und hat mit ihrem ersten Kind alle Akte eines echten Beikostdramas erlebt. Nachdem Kind 1 erst gar keinen Brei essen wollte und jede Mahlzeit Stress und manchmal Tränen bedeutete, wollte Kind 1 später dann nur noch gefüttert werden. Heute ist es vier und isst außer Äpfeln (nur Pink Lady), Knäckebrot (nur das hellgraue mit den Löchern) mit Butter (nur ungesalzene) und Frikadellen (nur die von Mama) überhaupt nichts. Irgendwas ist da schiefgelaufen, denkt Nelly, und schwört sich, dass Sie dieses Mal eine Breifrei-Komödie mit eventueller Tortenschlacht dem Drama vorzieht.

Nellys Breifrei-Style: Nelly will es wissen: Sie wirft alte Vorstellungen komplett über Bord und traut sich was. Bei Familie Neu gibt es jetzt Essen für alle und alle sind happy. Sogar Kind 1, das übrigens Linus heißt, isst jetzt auch Birnen, weil das Baby die auch so gern mag.

Paul(a) Profi

Paul(a) Profi ist, wie sie heißt: Ein Profi eben. Keiner weiß ganz genau, was Sie beruflich macht – sicher ist nur: Sie ist wohl Erzieherin, Ärztin oder Ernährungswissenschaftlerin. Und als Paul ist auch ihre männliche Version profimäßig unterwegs. Paul(a) findet die aktuellen Beikostempfehlungen auf jeden Fall ziemlich fragwürdig, obwohl sie mehr oder weniger gezwungenermaßen mit ihnen arbeitet. Jetzt hat sie aber selbst ein Baby und ist auf der Suche nach einer Alternative. Aber diese Alternative muss schon Hand und Fuß haben, sonst: Nicht mit Paul(a)!

Paulas Breifrei-Style: Obwohl Paul(a) nach außen die unerschütterliche Powerfrau gibt, läuft es in ihrer Familie eigentlich entweder so, wie bei Meggie, Rita, Frieda oder Nelly. Mit dem Unterschied, dass Paula nie öffentlich preisgeben würde, dass ihr Baby neulich doch ein halbes Wiener Würstchen verspeist hat, damit sie als Vorbild nicht für Kochsalzvergiftungen oder versperrte Speiseröhren verantwortlich gemacht werden kann.

Besseresser

Das unschlagbare Plus bei breifreier Ernährung vom Familientisch: Alle essen besser! Wir überlegen viel genauer, was wir da eigentlich jeden Tag so auf den Tisch stellen, wenn das Baby mit isst. Eine prima Gelegenheit, den Ernährungssschlendrian, der sich bei Stress schon mal einschleicht, wieder loszuwerden. Indem nämlich die Erwachsenen und vielleicht auch ältere Geschwister ausgewogen essen, isst das Baby auch besser.

Nicht nur bis zum ersten Geburtstag, wenn die Tabellen (zum Glück) zu Ende sind, sondern langfristig. Häufig habe ich übrigens Eltern klassischer Breikinder in meinen Beratungen; die Kleinen sind schon zwei Jahre alt, lassen sich aber immer noch am liebsten füttern. Aus dem Baby, das sich vermeintlich so »vorbildlich« mit dem Löffel füttern lies, ist ein Kleinkind geworden, das keinen Grund sieht, mittelfristig die Konsistenzvorliebe zu ändern. Entweder, Sie füttern also einfach noch ein paar Jahre weiter, denn jedes gesunde Kind hat die Fütterei irgendwann satt; schließlich gibt es keine Teenager, die darauf bestehen, dass Mama das Schulbrot püriert, mit in die Klasse kommt und den Löffel als Flugzeug anfliegen lässt. Oder sie sparen sich das ganze überflüssige ans Fütterngewöhnen, nur um das Baby dann wenig später ans Selberessen zu gewöhnen. Ein gesundes Kind, das ein Gefüttertwerden nie kennengelernt hat, isst von Beginn an selbständig und um den ersten Geburtstag herum zumindest teilweise mit Besteck. Die Angst, dass das Essen mit den Händen in schlechten Tischmanieren mündet, ist komplett absurd, denn Ihr Kind lernt durch Beispiel und Übung. Wenn Sie selbst mit Besteck essen und Ihr kleiner Liebling die Hände ausprobieren und seine Fingerfertigkeit an Nahrungsmitteln üben darf, wird bald der logische Schritt folgen, dass es selbst mit Besteck essen kann und essen möchte.

Spezielles Kinderbesteck benötigen Sie dazu nicht unbedingt. Am Anfang tut es zum Beispiel ein Teelöffel. Später können Sie eine stumpfe Gabel und ein stumpfes Messer ergänzen, wenn Sie mögen. Esslernbesteck mit einem Knick im Stiel können Sie sich komplett sparen. Es wurde für Erwachsene entwickelt, die die Hände alters- oder krankheitsbedingt nicht mehr gut koordieren können. Überhaupt sind die meisten speziellen Baby-und Kinderartikel, die Essen lehren sollen, ursprünglich Produkte der Altenpflege. Alles voran die »Trinklernbecher« mit den Plastikschnäbelchen.

Suppenkasper

Wer kennt Sie nicht, die Geschichte vom Suppenkasper? Ein wohlgenährtes, im Kinderbuch heißt es sogar wörtlich »dickes« Kind, möchte seine Suppe nicht essen und nimmt innerhalb kurzer Zeit

ein böses Ende: Es magert so stark ab, dass es stirbt. Stark vereinfacht sitzt diese Urangst in uns allen: Mein Kind oder auch mein Baby isst zu wenig oder das »Falsche« und erleidet deshalb in irgendeiner Form Schaden. Schaden, den wir natürlich vermeiden müssen. Diese Ängste werden oft unwillkürlich durch Breifüttertabellen geschürt – isst das Baby nicht tabellenkonform, und ich kann ihnen versichern: Das tut fast keines, fangen häufig ungünstige Kreisläufe an.

Statt sich zurückzulehnen und zu sagen, Babys werden zum Glück nicht nach einer Industrienorm hergestellt und mein Baby ist offensichtlich noch nicht soweit, findet noch keinen Geschmack an anderer als an Milchnahrung, fängt die Zirkusnummer an. Das Baby wird abgelenkt und in einem unaufmerksamen Moment schiebt sich ihm ein Löffel in den Mund. Oder Zungenstoß- und Schluckreflex als wichtiger Schutzmechanismus eines gesunden, reif geborenen Säuglings werden mechanisch mit Spezialbesteck ausgehebelt oder umschifft. Tun Sie das auf keinen Fall. Ehrlich. Auf KEINEN Fall. Vermeiden Sie einfach jede Form von Zwang. Zum Zwang gehören auch Täuschungsmanöver, Tricks, Ablenkung, Ärmchen & Händchen festhalten, stundenlanges Verfolgen des Babys mit Beikost, Klagen und Weinen oder gar Schimpfen und Strafen. Während auch bei solchen Vorgehensweisen die meisten Kinder eine erstaunliche Resilienz mitbringen, und langfristig außer vielleicht leichtem Übergewicht keine größeren Schäden nehmen werden, kann schon eine dieser »Methoden« beim regulationsempfindsamen Säugling zu dauerhaften, schweren Essstörungen führen. Die Probleme, die sie also eigentlich gerade vermeiden wollten, haben sie dann erst selbst kreiert. Ihre vornehmste Aufgabe besteht darin, sich locker zu machen. Leichter gesagt als getan, aber ich helfe Ihnen dabei. Ich bin nämlich eigentlich der unlockerste Mensch überhaupt – hätten Sie's gedacht? Man muss mich schon mit mehr überzeugen als den üblichen »ist von der Natur so gedacht« Floskeln. Und es gibt viel mehr Überzeugendes für breifrei.

»Ich esse meine Suppe nicht«

Wer weniger aufnimmt als er verbraucht, nimmt irgendwann ab. Und wenn Sie täglich nur einen großen Bissen Käsebrot über Ihren Bedarf hinaus essen, hätten Sie in einem Jahr theoretisch ungefähr 2 Kilo überflüssiges Gewicht draufgepackt, und in 30 Jahren wären sie vielleicht eine glückliche, aber mit Sicherheit eine ziemlich übergewichtige Oma mit stolzen 60 extra Käsebrot-Kilos. Umgekehrt gilt natürlich das gleiche, sparen Sie jeden Tag nur wenige Kalorien ein und bleiben damit unter ihrem Bedarf, wiegen Sie nach Ablauf eines Jahres bummelig zwei Kilo weniger usw. Ist es da nicht eigentlich wunderbar und sehr erstaunlich, wie die allermeisten Menschen es schaffen keine oder in der Regel nur sehr geringe Gewichtsschwankungen zu provozieren? Durch welche Mechanismen ganz genau dieses sensible innere Programm gesteuert wird, ist bisher nur in Ansätzen erforscht. Wir wissen aber trotzdem bereits ziemlich genau, wie wir dieses im Grunde sehr stabil laufende Programm doch vielleicht noch kaputt bekommen können. Ganz kaputt klappt zum Glück nur selten, Menschen und vor allem Babys sind äußerst widerstandsfähige Wesen, aber beschädigt oder zumindest irritiert kann schon klappen. Erinnern Sie sich? Zwingen, tricksen oder überreden Sie Ihr Kind niemals zum Essen! Niemals. Keine Ausnahmen. Pfuscht man nämlich nicht dazwischen, kalibriert sich Ihr gesundes Baby durch sein empfindliches Hunger-satt-Gefühl genau auf die Kalorienmenge, die es benötigt. Es wählt aus einem einigermaßen ausgewogenen Nahrungsangebot die Speisen aus, die ihm die Stoffe liefern, die sein kleiner Körper gerade benötigt.

Geiz ist geil

Und Geiz ist nicht nur geil, sondern im Fall von breifreier Beikost auch noch nachhaltig. Um Ihre Ersparnis zu berechnen, müssen Sie kein Mathegenie sein. Im ersten Jahr gibt es einfach Familienkost, vielleicht mit leichten Variationen, wenn Sie bisher etwas zu oft Fertiggerichte auf dem Speiseplan standen. Aber im Grunde geben Sie nicht mehr für Essen aus als bisher. Ein Baby nimmt mit Beikoststart anfangs meistens nur homöopathische Mengen zu sich. Am Anfang werden Sie häufig nicht wissen, ob es tatsächlich überhaupt etwas gegessen hat. Und auch mit einem Jahr wird Ihnen Ihr Baby nicht gerade die Haare vom Kopf fressen. Wenn Sie aber hoch motiviert extra-spezial-super-besondere Babykost mit super-spezial-ober-extra-besonderen Eigenschaften für Ihren Schatz kochen, sieht die Sache schon anders aus. Und falls Sie sich tatsächlich an die seltsame und fragwürdige Empfehlung halten, nach dem 4. Lebensmonat mit der Fütterei anzufangen, wird ein Großteil Ihres Demeter-Pastinakenbreis sowieso in Ihren Haaren, an den Wänden und auf dem Fußboden kleben. Und da gehört er auch eher hin, als in ein nicht beikostreifes Baby. Also wieso extra Zeug kaufen? Kostet Geld und ist nicht nötig. Und falls Sie richtig arm werden möchten, empfehle ich Ihnen das Baby-Fastfood aus dem Gläschen. Wenn Sie Fertiggläser im Supermarkt kaufen und sich an eine der gängigeren Empfehlungen halten, die zur Zeit in Deutschland kursieren, legen Sie über 1000 Euro für die Breikonserven auf den Tisch. Und dabei bin ich schon von einem Beikostbeginn mit einem halben Jahr und kostenloser Muttermilch ausgegangen. Gönnen Sie sich doch von dem Geld lieber besondere Leckerbissen für alle. Oder gehen Sie häufiger mal schön essen. Weiter hinten im Buch finden Sie praktische Tipps zum Ausgehen mit Breifrei-Baby (Seite 32).

Ich liebe dich!

Sie geben Ihrem Baby etwas zu essen. Weil es das braucht. Weil es Hunger hat. Weil jeder Mensch essen muss. Weil es sich selbst noch nichts machen kann. Ja, ja, ja und noch mal ja. Stimmt natürlich alles. Aber vor allem: Sie geben Ihrem Baby etwas zu essen, weil Sie Ihr Baby lieben. Sie lieben es bedingungslos, grenzenlos und so sehr, dass Sie manchmal fast vor lauter Liebe platzen könnten. Und diese Liebe ruft in Ihnen ein Programm ab, dass so alt ist wie die Menschheit: Jede Zelle in Ihnen schreit: »Sorge für dieses Baby! Sorge besser für dieses Baby, als für irgendjemanden sonst. Gib ihm Sicherheit, gib ihm Schutz, gib ihm Wärme und: Gib ihm Nahrung! Die BESTE Nahrung!«

Und Essen ist soviel mehr als der Erhalt von Körperfunktionen und die Befriedigung des Hungergefühls, Essen bedeutet: Liebe! Die Küche ist für die meisten von uns nicht umsonst seit frühster Kindheit der Ort im Haus, wo die wirklich wichtigen Dinge besprochen werden. Und egal ob wir traurig oder fröhlich sind, ob wir im Schwimmbad sind oder vielleicht Weihnachten feiern – zu allen Gefühlen und zu allen wichtigen Anlässen gibt es eine Verbindung zum passenden Essen. Und wenn ich für mein Baby extra koche, passiert folgendes: Ich gehe also zu Wochenmarkt und kaufe Bio-Pastinaken in Demeterqualität. (Ertragen Sie das Pastinaken-Gleichnis noch länger? Ein bisschen müssen sie noch...) Vielleicht habe ich sogar noch ein spezielles Beikostöl gekauft, dann dünste, püriere

und friere ich ein wie eine Weltmeisterin. Am magischen Tag hole ich einen der mit Liebe aufgeladenen Pastinaken-Eiswürfelchen aus dem Gefrierfach, taue ihn vorsichtig auf, richte ihn an, lege meine speziell gekauften Befüllutensilien bereit, platziere mein Baby im Hochstuhl – und... das Baby macht: Pfffffffff. Oder vielleicht auch Brrrrrrrr. Und es schiebt einfach das Pastinakenmus mit der Zunge heraus.

Nun hören sie aber in Wirklichkeit weder Pfffffff noch Brrrrrrr. Denn das Baby hat ja in Wirklichkeit auch gar kein Pastinakenmus bekommen. Es hat LIEBE bekommen. Und die spuckt es Ihnen gerade vor die Füße oder es verteilt sie in einem feinen Sprühregen über Ihren weißen Küchenfronten. Ein Baby, das den Brei verschmäht, den wir extra für teures Geld gekauft oder selbst gekocht haben, sendet uns ungewollt die Botschaft: »Mama, du hast mir das Beste gegeben, was du konntest und dein Bestes ist nicht gut genug für mich: Deine Liebe ist nicht gut genug. Du musst dich viel mehr anstrengen!« Genau DAS ist der Moment, in dem häufig diese ungünstigen Kreisläufe aus immer neuen und immer verzweifelteren Versuchen aus Überreden, Austricksen, Belagern, Verfolgen und Zwingen starten, das Baby zum Essen zu bewegen; doch noch endlich Vergebung und Gnade zu erfahren: »Du bist eine tolle Mama. Ich liebe dich! Du sorgst gut für mich!« Aber, wenn sie genau hinhören, hinsehen und hinfühlen, dann sagt Ihnen Ihr Baby, eigentlich etwas ganz anderes: »Mama, ich liebe dich und du bist gut genug. Ich möchte nur gerade (noch) nichts essen. Ich möchte das warme Gefühl von leckerer Milch in meinem kleinen Bäuchlein spüren und mit dir Kuscheln. Biete mir einfach immer weiter etwas an und wenn ich etwas möchte und brauche, werde ich es essen.«

Wie heißt das jetzt noch mal?

Eigentlich heißt »das« – einfach nur Beikost, aber weil man seit ein paar Jahrzehnten unter »Beikost« immer merkwürdigere Auswüchse versteht, heißt Astronautennahrung jetzt Beikost und das, was früher normal war, heißt jetzt »baby-led weaning«. Oder auch »breifrei«. Beides sind ehrlich gesagt keine 100% ideale Begriffe. Baby-led weaning klingt für viele wegen des komplizierten englischen Namens schon nach Hipster-Hype; wenn man noch nicht mal ganz genau weiß, wie man das ausspricht, will ich mit sowas an mein Baby ran? Lasse ich das nicht lieber in der bunten Internet-Blog-Welt, wo Mütter auf karierten Vintagedeckchen und fein ziseliertem Porzellan kunstgeschnitzte Bananenstümpfe anrichten und mit der 50mm Linse gekonnt ablichten? Wer weiß denn schon, ob die Blog-Mutti ihrer Brut nicht in Wirklichkeit auch Herrn H-Punkts Industriebreichen einflößt, während sie im Petticoat am selbstabgebeizten Küchentresen vorbeiraschelt? Wenn man »baby-led weaning« allerdings wörtlich ins Deutsche übersetzt, klingt das Ganze schon deutlich weniger abgefahren und künstlich, denn es heißt ja eigentlich nichts weiter, als babygeleitetes Entwöhnen. Also ein Abschied von der Milchnahrung, der vom Baby bestimmt wird. Und weil viele mit dem Löffel gefütterte Babys sehr früh unnatürlich große Mengen Beikost zu sich nehmen, viel größer als es ihrem Magendarmtrakt eigentlich zuträglich wäre, sprechen wir eben von babygeleitet oder »baby led«.

Und auch bei dieser Definition kriegen schon wieder die ersten Leute eine mittelschwere Krise und sagen: Man kann aber auch mit dem Löffel babygeleitet füttern. Da stimme ich teilweise zu: Ja, man kann auf jeden Fall ziemlich babygeleitet mit dem Löffel füttern, aber das Phänomen, dass das Baby zum Beispiel Nahrungsmittel häufig ganz von allein links liegen lässt, gegen die es allergisch ist, tritt bei mit dem Löffel gefütterten Kindern erfahrungsgemäß viel seltener auf. Außerdem: Kaubewegungen machen satt. Ein Kind, dass den Brei vom Löffel schlürft und sich direkt in den Magen laufen lässt, bekommt eine minimal verspätete »Ich-bin-satt«-Meldung vom Gehirn gesendet. Also, klar, Sie können mit dem Löffel füttern, aber dann fehlt Ihnen schon noch ein Quäntchen an den wirklich tollen und umfassenden Vorteilen einer fütterfreien Beikost. Komplett ohne Interventionen funktioniert Beikost natürlich nicht mal unter Laborbedingungen, aber Löffel ist schon eine vergleichsweise große Intervention. Nächster Wortbestandteil »weaning«. Als wenn »baby led« nicht schon kompliziert genug gewesen wäre, bedeutet weaning auch noch im amerikanischen und im britischen Englisch etwas anderes. In Amerika versteht man unter Weaning das abrupte Absetzen von Muttermilch, bei unseren Freunden jenseits des Ärmelkanals beschreibt »weaning« den graduellen Prozess des Abstillens, der langsam über eine gewisse Zeit verläuft. Bei baby-led weaning ist die englische Variante gemeint. Und der nächste Begriff »breifrei« ist nicht mit weniger Potenzial für Missverständnisse aufgeladen.

Für viele Eltern ist breifrei gleichbedeutend mit gläschenfrei, weil sie sich wirklich so gar nicht vorstellen können, dass Babys von Beginn an einfach an den Familienmahlzeiten teilnehmen können. Wiederum sind mir andere Eltern begegnet, die plötzlich keinen Kartoffelbrei mehr auf dem Tisch hatten, weil das Baby ja »breifrei« ernährt werden soll. Solange es nichts in den Mund geschoben bekommt, und schon gar nicht mit Zwang und Tricks, und sich selbst nach Belieben am Essen bedienen darf, spricht aber überhaupt nichts gegen pürierte Speisen und breiige Konsistenz. Man könnte breifrei also auch fütterfrei nennen. Das reimt sich aber nicht so schön.

Manchmal begegnet man auch dem Begriff Fingerfood. Das ist meiner bescheidenen Meinung nach nicht nur ein absolut unzutreffender, sondern auch ein irreführender Begriff. Oder was verstehen Sie unter Fingerfood? Ich denke da zuerst an Pflaumen im Speckmantel, Cracker mit Manchegokäse und winzige Saté-spießchen. Fingerfood bezeichnet also kein Beikostkonzept sondern eine Zubereitungsart. Wenn mein Baby seinen Gemüse-Fleisch-Wer-weiß-was-Brei nicht mag, probieren es manche Eltern mit besagtem »Fingerfood«: Statt die Möhrchen zu pürieren werden sie in Stickform gedünstet; statt das Fleisch klein zuhäckseln wird es in Streifen geschnitten. Das ist ja ganz nett, hat aber mit baby-led weaning/breifrei ungefähr genauso viel zu tun wie Äpfel mit Birnen. Naja, ist halt beides Obst, aber sonst zwei ganz verschiedene Sachen. Wenn man Fingerfood mit baby-led weaning gleichsetzt, bleibt die wichtigste Kernidee unbeachtet: Ein gesundes Baby kommt mit der unglaublichen Kompetenz auf die Welt, selbst genau zu wissen, was und vor allem wieviel ihm gut tut. Wir stehen ihm zur Seite, bereiten ihm ein angemessenes Essumfeld und sind staunende Zuschauer eines großen Wunders. Wir glauben nicht, dass Menschen, die weder unser Kind, noch uns oder gar unsere Essgewohnheiten kennen, besser wissen, wie viel Gramm von welchem Lebensmittel wann und wie gegessen werden sollten. Unser Baby und wir sind die wichtigsten Experten bei allen Entscheidungen.

10 Punkte Plan für Schnellstarter

Mit Hilfe dieser 10 Punkte können Sie erkennen, ob Sie und Ihr Baby bereit sind für das Abenteuer "Baby-led Weaning"

1. Sie bleiben entspannt. Sie vertrauen Ihrem Baby und lassen sich nicht von Stichtagen stressen. Außerdem erzeugen ein heruntergefallener Brotkanten und ein Klecks Tomatensauce auf Ihrem Küchenfußboden bei Ihnen keine hektischen Flecken. (Falls doch gehen Sie bitte sofort zurück auf »Los« und überlegen sie sich das mit den Kindern noch mal...).

2. Ihr Kind ist gesund und altersgerecht entwickelt. Wie Sie das wissen? Ganz einfach: Wenn Ihnen nichts merkwürdig vorkommt, ist mit Ihrem Kind aller Wahrscheinlichkeit alles in Ordnung – und der Kinderarzt Ihres Vertrauens guckt bei den Vorsorgeuntersuchungen ja auch noch mal hin, wenn es Sie beruhigt. Übrigens: Auch wenn Ihr Kind Entwicklungsbesonderheiten aufweist, bedeutet das nicht automatisch Breifüttern – im Gegenteil! Kinder mit besonderen Herausforderungen profitieren häufig zum Beispiel besonders von selbstbestimmter Beikosteinführung, aber natürlich sollten Sie sich in besonderen Situationen auch speziell beraten und begleiten lassen.

3. Ihr Baby erhält Milchnahrung nach Bedarf. Normalerweise bedeutet das: Sie stillen Ihr Baby nach Bedarf! Es darf Häufigkeit, Dauer und Brustseite selbst wählen. Falls Sie ein Ersatzmilchprodukt verabreichen, füttern Sie sogenannte »Pre«-Milch ebenfalls so weit möglich nach Bedarf und aus einer Flasche mit Saugaufsatz. Stillberaterinnen stehen Ihnen selbstverständlich auch bei Fragen rund um künstliche Säuglingsnahrung und Fragen zum Abstillen kompetent und achtsam zur Seite.

4. Sie bieten eine gute, ausgewogene Ernährung an. Fast Food und Fertigprodukte, sowie übermäßig stark gesalzene bzw. gesüßte Speisen stehen genauso wenig auf dem Speiseplan wie Honig, Alkohol, harte Nussstücke oder lebensmittelhygienisch zweifelhafte Lebensmittel.

Sonst darf Ihr Baby wirklich so gut wie alles essen. Sehr unkompliziert! Die versteckten Gefahren lauern vor allem in stark vorverarbeiteter Nahrung. Da weiß man häufig auch nach genauer Lektüre des Etiketts nicht mehr als vorher. Deshalb: Verzichten Sie möglichst auf Fertigprodukte – Faustregel: Nichts, was einen eigenen Werbespot hat und nichts, mit mehr als fünf Zutaten auf dem Etikett. Sie müssen weder Salz noch Zucker komplett vermeiden – das wäre ja auch praktisch unmöglich, denn dann dürften Sie weder Fleisch noch Obst anbieten, aber achten Sie darauf, dass Ihr Baby keine zusätzlich oder stark gesalzenen oder sehr stark gesüßten Speisen bekommt.

5. Ihr Baby hat die Beikostreife erreicht. Es kann mit wenig oder keiner Unterstützung sicher auf Ihrem Schoß sitzen, kann Hand, Augen und Mund so koordinieren, dass es sich selbstständig Speisen zuführen kann und hat seinen Zungenstoßreflex vollständig verloren.

6. Sie bieten Ihrem Baby die Gelegenheit, mehrmals täglich am Essen teilzunehmen. Ihr Kind nimmt an allen Mahlzeiten oder fast allen teil, die auch Sie einnehmen, und sitzt (zum Beispiel auf Ihrem Schoß oder in einem Hochstuhl) in Reichweite eines passenden Nahrungsangebots.

7. Ihr Baby isst nur unter der Aufsicht eines Erwachsenen. Wie auch in der Breifütterung soll ein Baby nie mit Essen allein gelassen werden, sondern liebevoll und aufmerksam von einem Erwachsenen begleitet werden.

8. Ihr Baby isst nur in aufrechter Haltung. Nur in aufrechter Position kann sich Ihr Baby problemlos wieder selbst regulieren, sollte es sich einmal verschlucken. Auch das gilt für das Löffelfüttern ganz genauso.

9. Ihr Baby isst selbstbestimmt. Das heißt, Sie stecken ihm nichts in den Mund oder in die Hand. Durch diese Selbstbestimmtheit, entstehen die besonderen Vorteile »breifreier« Beikost.

10. Sie bleiben weiter entspannt! Sie haben die innere Ruhe, auch dann entspannt zu bleiben, wenn Tante Uschi zum zwölften Mal fragt, wann das Baby denn »mal etwas Richtiges bekommt«.

Über den Tellerrand

Stillen, Abstillen, Weiterstillen… Wie stille ich denn mit breifrei rechtzeitig zum ersten Geburtstag ab, damit ich wieder arbeiten gehen kann? Und wie es sich sonst mit dem Essen in der Welt verhält.

Sie müssen und sollen überhaupt nicht abstillen, um wieder arbeiten zu gehen. Cool, oder? Lassen Sie mich erklären: Ihr Kind bekommt jetzt Beikost, ist also ungefähr sechs Monate alt. Vielleicht surfen Sie auf der Breifrei-Welle auch schon ein bisschen länger und ihr Kind ist schon zehn Monate alt. Oder elf. Sie warten, hoffen und bangen darauf, dass es endlich mal weniger stillen möge, aber weniger Stillmahlzeiten oder gar ein Abstillen, wie Sie es von einigen Freundinnen gehört haben, ist nicht in Sicht. Und: Die Uhr tickt, denn am übernächsten oder überübernächsten Ersten werden Sie im frisch gestärkten Blüschen wieder an Ihrem Arbeitsplatz erwartet.

Aber ich sagte ja, das ist kein Problem. Jedenfalls keins, das erfordert, dass Sie jetzt doch gegen die natürlichen Hunger-satt-Impulse Ihres Kindes den Löffel schwingen. Auch wenn Ihr Baby jetzt noch viel gestillt werden möchte, sieht das um den ersten Geburtstag herum häufig anders aus. (Übrigens wird ein abruptes Abstillen vor dem ersten Geburtstag als Stillstreik bezeichnet und hat mit babygeleitetem Abstillen gar nichts zu tun). Und selbst wenn das Kleine auch am ersten Geburtstag noch lieber Muttermilch als Geburtstagskuchen isst, brauchen Sie sich überhaupt keine Sorgen zu machen, denn erstens ist Muttermilch die einzige Süßigkeit, die Ihr Kind sich problemlos in Massen statt in Maßen einverleiben kann und zweitens wird Ihr Kind, wenn die Brust nicht verfügbar ist, und es in Ihrer Abwesenheit liebevoll betreut wird, problemlos andere Nahrung in ausreichender Menge zu sich nehmen! Erinnern Sie sich doch mal, welche riesigen Schritte Ihr Baby in den Monaten seit seiner Geburt gemacht hat. Aus einem winzigen, zerbrechlichen Neugeborenen, das nicht einmal Muskelkontrolle über den eigenen Kopf hatte, ist in nur sechs Monaten ein fröhlich krähendes, lachendes, spielendes Baby geworden, das keck mit seiner Umwelt kommuniziert und sich freut, mit Ihnen an einem Tisch zu sitzen. Und die nächsten sechs Monate bringen nicht weniger Veränderungen mit sich!

Mit einem Jahr ist ein gesundes Baby – besonders, wenn es bis dahin nach Bedarf gestillt wurde und nicht nach der Uhr in der Lage, auch viele Stunden am Stück ohne Muttermilch auszukommen. Aber eben auch nicht sehr viel früher. Das Baby mit acht Monaten abzustillen, um es an ein Leben ohne Stillen zu gewöhnen, wäre also ungefähr so, als ob Sie mit einem Sechstklässler für den Schulabschluss übten. Außerdem: Der Sechstklässler lernt ja schon für den Abschluss. Er hat sein ganzes Leben lang nichts anderes getan, aber eben altersgemäß in kleinen Schritten. Genau wie Ihr Baby die notwenigen Schritte im jeweils richtigen Alter ganz von alleine machen wird. Und das ist im Breifreifall eben unglaublich wunderbar, denn Sie müssen gar nichts weiter tun, als Ihr Baby altersgerecht liebevoll begleiten. Das Üben macht das Baby bequemerweise für Sie! Und genauso wenig, wie Sie Ihren Sechstklässlerlässler eine Faust-II-Interpretation schreiben lassen, müssen Sie Ihr Baby nicht in einem Alter abstillen, das rundherum ungeeignet dazu ist, auf Muttermilch zu verzichten.Denn: Besonders wenn nach der Geburtstagstortenschlacht (Rezept auf S. 144) von Ihnen erwartet wird, wieder zuverlässig im Arbeitsleben zu funktionieren, garantiert Ihnen ein Weiterstillen eine verringerte Infektanfälligkeit bei Ihrem Kind. Wenn Sie von der Arbeit nach Hause kommen, können Sie über das Stillen schnell und einfach in Beziehung treten und das Immunsystem Ihres Kindes stärken, denn wussten Sie, dass die Muttermilch gegen Ende des ersten Jahres ich ihrer Zusammensetzung wieder der Neugeborenenmilch ähnelt, die Ihre Brust die ersten Tage nach der Geburt produziert hat? Etwas weniger Kalorien aber dafür randvoll mit Antikörpern und einer Art Superfood, das sich ausschließlich an das darmgebundene Immunsystem richtet.

Flaschenkinder

Ich bin Stillberaterin und Stillmama von einem Stillkind und einem Ex-Stillkind. Ich mag Stillen nicht. Ich liebe Stillen! Aber es gibt eine Sache, die ich sogar noch mehr liebe als Stillen: Wenn Frauen einfach das mit Ihrem Körper tun können, was Sie wollen! Als Stillberaterin bin ich nämlich nicht dazu da, Sie zum Stillen zu bewegen oder solange zu bequatschen, bis Sie endlich doch stillen wollen, sondern ich bin dazu da, sicherzustellen, dass möglichst jede Frau, die stillen will, auch stillen kann und informierte Entscheidungen trifft. Sonst würde das ja auch nicht Stillberatung, sondern Stillpolizei heißen.

Wenn Sie also Ihrem Baby die Flasche geben oder bald geben möchten, dann sollten Sie das informiert und aus freien Stücken tun. Entweder weil es medizinisch notwendig ist oder weil Sie sich bewusst und informiert dafür entscheiden haben. Und das dürfen Sie auch!

Lassen Sie sich kein schlechtes Gewissen machen. Trotzdem gilt es bei der Ernährung mit künstlicher Säuglingsnahrung einige Dinge zu beachten, denn Formelmilch ist entspricht eben nicht der menschlichen Muttermilch.

Geben Sie Ihrem Baby ausschließlich Pre-Milch. Wenn es keine nachgewiesene Allergie gegen Kuhmilchprotein hat, geben Sie ihm keine hypoallergene Milch. Diese Milch schmeckt bitter und ähnelt der Muttermilch noch weniger als Pre-Milch. Andere Anfangs- oder Folgenahrungen füttern Sie bitte gar nicht – die sind zwar etwas günstiger, aber nur, weil das Kuhmilcheiweiß nicht so stark angepasst wurde, was den Herstellungsprozess weniger aufwendig macht, aber die Nahrung auch schlechter auf die Bedürfnisse des Babys abstimmt. Rühren Sie das Milchpulver immer exakt nach der Packungsanleitung an und strecken oder verdicken Sie dieses nicht! Füttern Sie niemals selbst angemischte Milch oder Pflanzen-»Milch«. Je jünger das Baby ist, desto schneller kann eine selbst angerührte Milchnahrung zu schweren Schäden bis hin zum Tod führen.

Füttern Sie Pre-Milch nach Bedarf: Überziehen Sie zum Beispiel die Flasche mit einer Socke und beschweren Sie die Socke eventuell, sodass Sie wie beim Trinken aus der Brust, nicht wissen, wieviel ihr Baby bereits getrunken hat. Sonst laufen Sie Gefahr, dass Sie die feinen Hunger-satt-Signale übersehen, die ja bei breifrei gerade erhalten bleiben sollen. Babys trinken ohnehin in der Regel aus der Flasche anders als aus der Brust, was unter anderem mit der Fließgeschwindigkeit der Milch zu tun hat. Versuchen Sie trotzdem möglichst gut auf Sättigungssignale zu reagieren.

Anstattkost

Auf Englisch heißt Beikost »solids« oder »solid food« also »feste Nahrung« – ein scheußlich unzutreffender Name, denn mit Beikost ist alles gemeint, was weder Muttermilch, noch Medikament noch Formelmilch ist. Zu Beikost gehören also auch Tees oder andere Getränke, Pürees oder Breie. Da ist das deutsche Wort Beikost um einiges treffender: Eine Kost, die zusätzlich zur Muttermilch »Bei«-gegeben wird. Deshalb heißt es auch nicht Anstattkost, denn die Milch soll nicht ersetzt, sondern ergänzt werden.

Gerade Leute wie Tante Uschi (die Gute kennen Sie ja vielleicht schon aus meinen anderen Büchern.) fragen ja häufig: Bekommt es schon etwas Richtiges? Ernsthaft – was könnte »unrichtig« daran sein, das Baby altersgerecht mit Milchnahrung zu ernähren. Naja, die Tante meint es wie immer nicht wirklich böse. Wenn Sie gut beraten werden möchten, was Stillen, Abstillen oder auch Flaschennahrung betrifft, wenden Sie sich trotzdem nicht an Tante Uschi sondern suchen Sie lieber zeitnah Kontakt zu entsprechend ausgebildetem Fachpersonal – Adressen zertifizierter Stillberaterinnen findet Sie im Internet. (zum Beispiel IBCLC International Board Certified Lactation Consultants, Arbeitsgemeinschaft freier Stillgruppen AFS, Deutsches Ausbildungsinstitut für Stillbegleitung DAIS oder der La Leche Liga LLL).

Lirum, larum, Löffelstiel: Wie isst die Welt?

Ist Löffelfüttern wirklich so normal? Normal vielleicht in Deutschland, aber da auch erst seit nicht mal 100 Jahren. So traditionell Sie vielleicht glauben, ist die Löffelfütterei bei weitem nicht. Zwar bekamen Babys in der Geschichte je nach Region häufiger mal Flüssigkeiten, Breie und Pürees angereicht, allerdings nicht, weil man der Ansicht war, sie könnten nichts anderes essen, sondern, weil die Arbeitskraft der Mutter zum Beispiel auf dem Feld oder in der Fabrik gebraucht wurde, sodass das Kind früher von der Brust entwöhnt werden musste, als es seiner Biologie entsprach. Oder weil die Auswahl auf Speisen beschränkt war, die ein Baby tatsächlich nur mit Backenzähnen klein bekommt, wie zum Beispiel bestimmte Rohkost. Dann wurde aber in aller Regel auch nicht belöffelt sondern vorgekaut.

Die Idee, dass Babys mit dem Übergang zu festem Essen, etwas wesentlich anderes bekommen müssen als die Erwachsenen um sie herum, ist auf jeden Fall erst eine Idee des Industriezeitalters und dementsprechend bis heute auch nur in Industrienationen verbreitet. Weltweit gesehen ist Beikost vom Familientisch immer noch die normale Form der Babyernährung, und bei uns war sie das vor ein paar Jahrzehnten auch noch. Sie müssen also nicht fürchten, mit breifrei irgendeinem neumodischen, unerprobten und potentiell gefährlichen Trend aufzusitzen. Die Beikostempfehlungen diverser Einrichtungen und Institute sind da weniger stabil – die ändern sich nämlich alle paar Jahre, wo die Babys doch eigentlich immer ziemlich gleich bleiben.

Kleine Babys haben kaum Zähne, deshalb erscheint es auf den ersten Blick notwendig, die Kleinen mit dem Löffel zu füttern. So unglaublich notwendig ist das allerdings keineswegs: Was denken Sie – wie viele der gut 7 Milliarden Menschen, die zur Zeit gemeinsam mit Ihnen und mir diese Erde bevölkern, benutzen einen Löffel oder anderes Besteck, um sich während der Mahlzeiten Nahrung zum Mund zu führen? Tatsächlich sind es nur etwa 32 Prozent. Davon benutzen 19 Prozent Stäbchen und nur 13 Prozent Besteck. Und die restlichen 68 Prozent – also fast 5 Milliarden? Sie ahnen es sicher: Die benutzen einfach ihre Hände.

5.000.000.000 Leute! Wie notwendig kann da wohl ein Löffel zur Beikosteinführung sein?

Trotzdem beobachten die Weltgesundheitsorganisation, die ja – wie der Name schon sagt – weltweit aktiv ist, einige gefährliche Trends. Die sind aber völlig unabhängig vom Benutzen von Besteck. In Gegenden, wo die Eltern wenig Zeit für die Kinder und damit logischerweise auch wenig Zeit für die Beikostbegleitung haben, erhöht sich das Risiko von Mangelernährung. Babys werden zum Beispiel zwangsweise gefüttert – dazu braucht es gar keinen Löffel, auch mit der Hand gibt es da wirklich fiese Techniken à la Guantanamo Bay. Jede Art von Druck oder Zwang – und auch das gilt weltweit, resultiert häufig in krankhaft gestörtem Essverhalten und im Extremfall mündet es in Mangelernährung, was man ja eigentlich gerade vermeiden wollte. Das andere Extrem, dass die Weltgesundheitsorganisation kritisiert, ist die völlig unbetreute Beikost. Die Eltern wissen gar nicht, ob und wie das Baby etwas zu sich genommen hat oder versucht hat, etwas zu sich zu nehmen. Dieses extreme Laissez-faire ist natürlich genauso wenig wünschenswert, sondern wie so oft im Leben die goldene Mitte, und zwar piepegal, ob in Afrika, in Asien oder in Europa. Dem Baby wird eine geeignete Möglichkeit gegeben an den Familienmahlzeiten teilzunehmen – dabei wird es liebevoll begleitet und man nimmt auf seine besonderen Bedürfnisse Rücksicht und zweigt vielleicht besonders gute Dinge für das Baby ab.

Hmm, und wenn ich nun ganz aufmerksam und liebvoll und achtsam und sensibel und überhaupt total babygeleitet bei der »traditionellen« Breifütterung« bleibe? So und so viel hiervon und soundsoviel davon, noch ein Löffelchen von diesem und ein Spritzer von jenem; flugs oben ins Kindelein hineingefüllt und voilà herauskommt – neben Pipikacka – vor allem ein gesundes Kind. Eigentlich ziemlich schade, dass das so nicht funktioniert. Aber warum eigentlich nicht? Problem: Keiner weiß so ganz genau, wie die ideale Nahrung eigentlich zusammengesetzt ist.

Die Iñupiat, die indigenen Einwohner Nordalaskas, leben beispielsweise traditionell fast ausschließlich von Fleisch und Fisch, teils roh, teils gegart. Und weil die gar nicht brav ihre fünf verschiedenfarbigen Obst- und Gemüsesorten täglich essen, sterben sie früh an Herzkrankheiten? Nö, im Gegenteil: Fermentierter Seehund mit einem leckeren Tran-Dip scheint das Infarktrisiko sogar fast um die Hälfte zu senken.

Die traditionelle Ernährung des ostafrikanischen Hirtenvolks der Massai besteht dagegen aus einer Mischung aus rohem Fleisch, rohem Blut und Rohmilch – Pflanzen spielen bei dieser Ernährung nur eine sehr untergeordnete Rolle. Vitaminmangel? Hoher Cholesterinspiegel? Tja, sie ahnen es sicher schon, wieder: Fehlanzeige. Auch die Massai erfreuen sich überdurchschnittlicher Gesundheit und sind bei traditioneller Ernährung praktisch kariesfrei. Ihren kleinen Babys geben sie übrigens als erste Beikost bevorzugt Butter!

Bevor Sie jetzt aber statt einer Palette Pastinakengläschen den Einkaufswagen mit zehn Pfund Butter beladen, bedenken Sie, dass dieses Ernährungsformen aus vielerlei Gründen nicht unmittelbar auf unsere Lebensweise übertragbar sind; behalten sie einfach im Hinterkopf, dass verschiedene Völker, verschiedene Religionen, Kulturen, Ethnien – verschiedene Menschen und verschiedene Familien unterschiedlich sind und sich auch unterschiedlich ernähren dürfen. Es gibt kein »eins für alle«.

Ist es also total egal, was und wie wir essen? Nein, natürlich nicht, denn ganz sicher wissen wir:

1. Wer dauerhaft mehr Kalorien aufnimmt als er verbraucht, wird irgendwann viel zu dick. Und dass ist in der Regel nicht besonders gesund. Das wissen wir genau.
2. Wer sich von jeder Menge Fast Food und Fertiggerichten ernährt, wird auch auf Dauer keine Freude haben, weil er wahrscheinlich – Sie haben es geahnt – krank und dick wird.
3. Wem in seiner Ernährung dauerhaft wichtige Nährstoffe fehlen, wird krank. Und vielleicht auch dick. Oder bleibt zu dünn. Oder wird traurig und schlapp. Oder es fallen ihm irgendwann die Zähne aus. Oder, oder, oder... Die Liste ist ellenlang. Jedenfalls passieren unerfreuliche Dinge. Dinge, die unseren Babys natürlich auf gar, gar keinen Fall passieren sollen. Die sollen wohlgenährt, fröhlich, athletisch und rund um gesund durchs Leben hüpfen. Am besten so essen, wie wir selbst nicht oder selten schaffen.

Fix & Fertig?

Fertignahrung, auch bekannt als »Convenience Food«, ist nicht gerade das Non-Plus-Ultra einer gesunden Ernährung; da sind sich eigentlich fast alle einig. Sogar die Ernährungsexperten, die sich normalerweise in den Schützengräben der besten Fette unerbittlich bekriegen, legen bei Fast – und Convenience Food erstaunliche Einigkeit an den Tag: Fertigfraß ist doof! Sachen, die ein unnatürlich langes Leben im Regal fristen, ohne zu verderben, schmecken meistens auch so. Und vor allem bekommen unsere Kinder mit Fertignahrung gleich den Dreh mit: Hauptsache schnell und ohne die Küche dreckig zu machen. Ist das der Wert von Nahrung, den wir unseren Babys in ihrer entscheidenden Prägephase mitgeben möchten? Auch hier mal wieder: Nö!

Aber warum sind Gläschenkost und »Kinder-Menüs« dann so beliebt? Einerseits sicher, weil es schnell geht. Wer vor der Aussicht steht, extra fürs Kind zu kochen, wirft oft schnell die Flinte ins Korn und greift zumindest teilweise zu Gläschen. Dieses Problem werden sie als Breifreieltern ja auf keinen Fall haben, weil Sie eben nicht extra kochen müssen. Was viel schwerer wiegt, als die Bequemlichkeit, ist aber die Werbung, die uns glauben machen möchte, das man »auf der sicheren Seite« wäre, wenn man angeblich »geprüftes Essen« füttert. Das stimmt sicher insofern, als dass Gläschen genau auf Schadstoffe geprüft werden. Das war es dann aber auch schon. Sie sind weder auf Verträglichkeit noch auf ein bestimmtes Alter noch gar auf eine ideale Zusammensetzung geprüft. »Ab 4 Monate« und »bekömmlich« sind bloß leere Werbeversprechen, die man leider in Deutschland auf so ziemlich alles schreiben darf.

Dabei unterscheidet sich Gläschenkost genauso wie die Familienküche von Land zu Land sehr stark – machen Sie sich doch während Ihres nächsten Urlaubs mal den Spaß am Beikostregal vorbeizuschlendern; In Italien sind zum Beispiel Gläschen mit Pferdefleisch ein Renner; Pferd gilt dort als besonders mager und wertvoll. In Japan bekommen Sie dagegen Thunfisch im Glas und in Dänemark ist auf dem Rindfleischglas das rohe Hack abgebildet – das wirkt auf die Dänen frischer. Die meisten Eltern finden spätestens im zweiten Lebensjahr oder allerspätestens mit dem zweiten Kind den Mut dazu, sich von der Milliardenindustrie Babynahrung zu verabschieden. Aber immer mehr hängen auch länger fast junkiemäßig an der als »gut fürs Kind« markierten Astronautennahrung, angefixt durch die Gläschen im ersten Lebensjahr bleiben Sie treue Kunden und die Industrie reagiert. Ein bekannter Hersteller, der mit seinem Namen für alles Mögliche steht, hat 2015 eine riesige Werbekampagne gefahren, die sich an Schulkinder richtete: Eine schulberanzte 7-Jährige wird mit hochfruktosehaltigem Obstmatsch aus dem Plastikbeutel versorgt. Lieber nicht selbst ein Schulbrot schmieren und dazu eine Banane in die Brotdose legen. Wer weiß, was da passieren könnte – nicht auszudenken!

Fertignahrung vom Ende des ersten Lebensjahres bis zur Grundschulzeit ist also in der Mache und weil die Firma mit dem hübschen kleinen Vogelnest und der Onkel mit dem guten Namen auch immer ganz fleißig und brav ganz viel Geld für ganz viele Studien ausgeben, finden plötzlich auch einige Ernährungswissenschaftler Gläschen gar nicht mehr so doof. Eine Hebamme, die beim Hebammenverband Schleswig-Holstein eine meiner Fortbildungen besucht hat, sagte mal: » Die Frauen können heute gar nicht mehr kochen. Die brauchen Gläser oder wenigstens Breirezepte, um dem Kind etwas auf den Tisch zu stellen, das keine Tiefkühlpizza ist«. Ich weigere mich das zu glauben! Und zwar weil ich und viele meiner Klienten Gegenbeispiele sind. Ja, bevor ich Kinder hatte, habe ich nicht so viel gekocht. Und ich habe viel häufiger Junkfood gegessen. Aber wer Lust hat und normal intelligent ist, der kann Reis kochen, Kartoffeln kochen, Fleisch braten und Obst schneiden. Familien sind kompetent. SIE sind kompetent. Sie müssen nicht Paul Bocuse oder Julia Child sein, um Nahrung für sich und Ihr Baby zuzubereiten. Jede Tiermutter sieht sich als Expertin für die Auswahl an Nahrung für Ihren Nachwuchs. Jede Tiermutter kann geeignete Nahrung auswählen. Und Sie können das natürlich auch!

Ausgehen mit einem Breifrei-Baby

Natürlich können Sie mit einem Breifreibaby ganz wunderbar ausgehen: Ob Restaurant, Kneipe, Café, Lounge oder Biergarten – wo Babys grundsätzlich willkommen sind, sind auch Breifreibabys willkommen. Ich würde Ihnen nicht raten, eine Gaststätte zu besuchen, in der geraucht wird oder Sie livriertes Servicepersonal schon mit erhobenem und verdächtig gerümpftem Näslein am Eingang begrüßt und Sie die ganze Mahlzeit über Angst davor haben, dass die weiße Tischdecke einen Fleck bekommt. Aber an jedem Durchschnittsort, der weder »Sven's Saufbude« noch ein 3-Michelin-Sterne-Tempel ist, können Sie auch mit Ihrem Baby bedenkenlos einkehren. Falls Ihr Baby sich gerade in einer extremen Schmierphase befindet, bietet es sich an, Lebensmittel zu bestellen oder in einer Brotdose mitzunehmen, die unverfänglich sind. Lässt ihr Baby noch viel fallen, lassen Sie es auf Ihrem Schoß statt im Hochstuhl essen (übrigens gilt das auch für zuhause), dann können Sie Heruntergefallenes meistens leichter auffangen, bevor es ganz zu Boden segelt. Geben Sie Ihrem Baby immer besonders wenig auf einmal, sodass Sie im Zweifelsfall erst zwei, drei heruntergefallenen Stücke aufheben können, bevor jemand hineintritt.

Hier eine Auswahl von Restaurants und was Sie Ihrem Baby dort anbieten können:

Steak-Haus: Backkartoffel, Gurkenscheiben, Fleischstreifen.

Italienische Küche: Nudeln, Brot, etwas Käse, Artischockenherzen, gebackene Aubergine.

Griechische Küche: Gurke, Tomate, Brot, Dicke Bohnen, Tomatenreis.

Asiatische Küche: Glasnudeln, Reis, Gemüse oder Fleisch ohne Soße.

Hausmannskost: Apfel, Banane, Brot, Nudeln, Reis, wenig oder nicht gewürztes Fleisch.

McDonald's: Nichts. Ganz, ehrlich. Sogar die Apfelschnitze sind nachgezuckert.

Der Zahn der Zeit

Dass Babys Brei essen sollten, weil sie noch keine oder wenig Zähnchen haben ist immer noch ein weit verbreitetes Missverständnis. Falls Sie schon mal von einem zahnlosen Stillbaby in die Brustwarze gebissen worden sind, wissen Sie, wie widerlich weh das tut und beim Brustwarzenzwicken wendet das Baby in der Regel nicht einmal seine volle Kieferkraft an. Der Schmerz rührt daher, dass bereits harte Kauleisten vorhanden sind, die können schon fast alles, außer gezielt winzige Stücke abbeißen und feste Zellen zermahlen. Das Abbeißen winziger Stücke funktioniert aber ziemlich schnell mit dem Erscheinen der Schneidezähne. Dann kann auch die Schale eines Apfels soweit aufgenagt oder abgeschabt werden, dass das weiche Innere freiliegt.

Das Zermahlen von Salat, roher Paprika, ganzen Getreidekörnern und Ähnlichem klappt zwar tatsächlich erst mit dem Erscheinen der Backenzähne. Die zeigen sich bei den meisten Kindern erst in der Mitte des zweiten Lebensjahres. Und solange Brei zu füttern ist nicht mal Bestandteil der vorsichtigsten Empfehlungen. Kaubewegungen machen Breifreibabys etwas früher als ihre gefütterten kleinen Kollegen: einfach weil sie mehr Übung haben. Kinder hierzulande erkennen ihr eigenes Spiegelbild auch deutlich früher als Kinder aus Kulturen, in denen keine Spiegel bekannt sind. Die Kinder sind aber weder genetisch anders noch dümmer, sie haben einfach keine Spiegel in ihrer Umgebung. Sie konnten keine Erfahrungen damit sammeln. Wenn Sie dann das Prinzip eines Spiegels irgendwann kennenlernen, lernen sie je nach Alter schnell oder sofort, sich zu erkennen. Wenn also ein Kind schon mit etwa einem halben Jahr feste Nahrung in den Mund nimmt und frei damit experimentieren darf, profitiert die Mundmotorik und mit der feinen Mundmotorik auch das Sprachvermögen. Also lieber ein paar Spaghetti auf dem Fußboden, als vielleicht zig Termine beim Logopäden. Auch die Zahnstellung profitiert von einer frühen Kräftigung der feinen Mundmuskeln und auch die Wahrscheinlichkeit, dass der Kieferorthopäde Sie als Kunden begrüßen kann, sinkt.

Vor allem aber machen sich viele Eltern mit Recht Sorgen um Löcher in den Zähnen. Ein gesundes Milchgebiss ohne Karies bildet nämlich die Grundlage für gesunde bleibende Zähne. Um Karies zu vermeiden, ist es auf jeden Fall sehr wichtig, dass Sie spätestens ab dem 1. Zahn beginnen zu putzen. Aber Putzen ist nur einer der Faktoren, der die Zahngesundheit fördert, sonst vor allem gesunder, unverdünnter Speichel. Und der braucht mindestens 20 Minuten, um nach einem Getränk oder einer Mahlzeit wieder seine volle Schutzwirkung zu entfalten. Lassen Sie Ihr Kind deshalb auf keinen Fall ständig an einer Flasche oder einem Trinklernbecher nuckeln, auch wenn ganz vorbildlich bloß Wasser drin ist. Babys benötigen nämlich überhaupt keinen Firlefanz zum Trinken, sondern können von Beginn an aus einem kleinen Becher trinken. Genauso wie anfangs nur winzige Mengen Beikost in den Magen finden, sind es auch nur einige Tropfen Wasser. Beides passt perfekt zusammen.

In die Finger, fertig, los!

Breifrei ist fast erschreckend einfach – Sie brauchen eigentlich nur ein beikostreifes Baby, einen begleitenden Erwachsenen und etwas zu essen.

Egal, wie Sie Ihr Kind schlussendlich ernähren – am wichtigsten ist, dass Sie die Beikostreife abwarten. Manche sagen, dass der richtige Zeitpunkt für Beikost immer genau Schlag Mitternacht vom 4. auf den 5. Lebensmonat (alternativ in der Nacht vom 6. auf den 7. Lebensmonat) erreicht wird.

In dieser magischen Nacht so munkelt man, mache das Baby plötzlich eine wundersame Metamorphose durch. Bevor es einschlief, deckte die Milch all seine Bedürfnisse nach Nahrung und Nähe und bot ihm langfristigen Schutz vor Krankheit, Tod und Kleidergröße 48. Nach Mitternacht allerdings, da braucht es plötzlich Biopastinake mit Rind und einem Schuss Öl wie der Ertrinkende die Atemluft. Wer den Zauber der magischen Nacht ignoriert, dessen Kind wird siech und welk werden oder wenigstens Asthma bekommen und weiter an der Brust trinken, bis es ein Teenager ist. Das können Sie glauben, wenn Sie möchten. Es ist aber natürlich ausgemachter Blödsinn. Oder Sie fassen, wie zum Beispiel auch die Unicef, die Beikostreife als ganz individuellen Reifeprozess auf. Dieser Reifeprozess weist wie Krabbeln oder Sprechen eine gewisse zeitliche Bandbreite auf. Als Faustregel können Sie erwarten, dass Ihr Kind um den sechsten Monat herum beikostreif ist: Einige Kinder greifen vielleicht schon mit 5 ½ Monaten nach Mamas Käsebrot, andere lutschen das erste Mal mit acht Monaten einigermaßen interessiert an einer Banane. Beides ist ok.

Wann ein Kind reif für andere Nahrung außer Muttermilch (oder Ersatzmilch) ist, ergibt sich aus den drei Beikostreife-Kriterien die alle drei erfüllt sein müssen:

1. Ihr Baby kann mit etwas Unterstützung aufrecht auf Ihrem Schoß sitzen. Es sackt nicht mehr in sich zusammen wie ein Schluck Wasser in der Kurve, sondern besitzt eine gewisse Rumpfspannung.
2. Ihr Baby kann Hand, Mund und Auge so koordinieren, dass es Dinge sehen, ergreifen und zum Mund führen kann.
3. Ihr Baby hat seinen Zungenstoßreflex vollständig verloren; es stößt also nicht mehr jedes Mal die kleine Zunge nach vorn, wenn etwas seine Unterlippe oder den Mundraum berührt.

Und fällt Ihnen etwas auf? Während Sie bei der Belöffelungsvariante auch mit diesen drei ziemlich eindeutigen Kriterien im Gepäck immer noch ein wenig herumorakeln müssen, ob gestern, heute oder morgen der »Beikoststarttag« ist, gilt für die Breifreivariante nur eine Devise: Beikoststart ist, wenn das Kind isst. So einfach! Ihr Baby kommt also zu jeder Mahlzeit mit an den Tisch (oder wo auch immer Sie essen) und der magische Tag ist der Tag, an dem es beginnt, sich etwas in den Mund zu stecken. Essen ganz neu lernen ist also auf jeden Fall nötig, wenn auch nicht für Ihr Baby. Sie selbst dürfen lernen, Ihrem Baby zu vertrauen, einem kleinen, ganz wunderbaren Menschen, der es überhaupt nicht nötig hat, dass man ihn mit Tricks, Spezialgeschirr und Astronautennahrung Essen lehrt.

Falls Sie Bedenken haben, dass Ihr ansonsten gesundes Baby viel zu spät mit Essen beginnt, können Sie etwa ab dem neunten Lebensmonat die Eisen- und Zinkwerte überprüfen lassen. Übrigens: Im unwahrscheinlichen Fall, dass mit diesen Werten etwas nicht in Ordnung sein sollte, wird Ihr Baby nicht durch Zwangsernährung mit Beikost behandelt, sondern mit speziellen medizinischen Präparaten, damit es ungestört zu seinem normalen Appetit finden kann. Viele Babys essen im gesamten ersten Jahr nur mal hier und mal dort ein Häppchen und sind trotzdem kerngesund.

Ich weiß, dass ich nichts weiß.

Stillen ist mindestens zwei Jahre lang allen anderen Ernährungsformen überlegen, muss aber nach sechs Monaten durch ein anderes Angebot ergänzt werden. Und durch welches, bitte? Naja »Wissenschaft ist der aktuelle Stand des Irrtums« wie es Dr. Eckhart von Hirschhausen 2011 in der Berliner Morgenpost gewohnt klug formulierte. Deshalb nimmt die Entspanntheit bei Beikost bei Kinderärzten oft in dem Maße zu, wie des Arztes Alter ansteigt. Denn ein sechzigjähriger hat schon so unglaublich viele Beikostempfehlungen kommen und gehen sehen, dass er sie in der Regel nicht mehr wirklich ernst nimmt. Und ähnlich sollten Sie das auch handhaben.

Bis in die 60er Jahre rieten sogenannte Ernährungsexperten auch noch zu einem Fläschchen mit Getreidekaffee um den 6. Lebensmonat. Naja. Das will heute auch keiner mehr gewesen sein.

»Richtige« Ernährung?

Was ist also nun die richtige Babyernährung? Die Wahrheit: Keiner weiß das so genau. Kinderärztin und Kinder- und Jugendlichen Psychotherapeutin Prof. Dr. med. Marguerite Dunitz-Scheer fasst zusammen: »Bitte fragen Sie hierzu Ihren behandelnden Kinderfacharzt und erfahren Sie von ihm seine persönliche Meinung zu Ihren speziellen Fragen und nicht die Wahrheit.« Und die Frau muss es wissen, sie kümmert sich seit vielen Jahren erfolgreich um Kinder, die aus vielen verschiedenen Gründen in ungünstigen Ernährungssituationen gelandet sind. Man sagt, dass Menschen aus der ganzen Welt zu ihr kämen, sie die Kinder in Essen hineinlegte und die Kinder dann gesund wieder aus dem Essen herauskämen. Ganz so einfach ist es sicherlich nicht, aber es steckt schon viel Wahres drin. Die Kinder lernen dort wieder unbelastet mit Essen umzugehen. Ein Ziel, das von vorneherein natürlich genauso für gesunde Kinder gilt.

Und obwohl wir trotz unserer Chemiebaukästen, Hochleistungslabore und medizinischen Studien so wenig über die »perfekte« Ernährung wissen und ob es die überhaupt gibt, belasten wir uns und unsere Kinder mit Tabellen und Maßangaben, die weit über das hinausgehen, was wissenschaftlich belegbar ist. Sehr gut erforscht ist dagegen die Tatsache, dass ein Baby mit sehr guten Fähigkeiten zur Selbstregulation geboren wird. Wenn wir es schaffen, ihm die nicht abzutrainieren, ist der wichtigste Baustein für eine lebenslange gesunde Ernährung gelegt. Statt Ihr Kind also mit einem Löffel voll im eigenen Garwasser pürierter Pastinake zu verfolgen, freuen Sie sich, dass das kluge Kind sie ablehnt. 100 Gramm Pastinake aus dem Gläschen des teuren Marktführers haben 30 kcal – im Gegensatz zu Muttermilch mit ca. 71 kcal. Ihr Baby weiß das natürlich nicht. Und trotzdem, haben die meisten klugen Babys überhaupt keine Lust, sich den kleinen Magen bis zum Rand mit einer kargen Gemüseschlämpe zu füllen, die eine viel zu niedrige Energiedichte hat.

Die aktuellen Beikostempfehlungen beruhen also nicht auf wissenschaftlichen Kriterien. Normalerweise werden derlei Empfehlungen, sogenannte Leitlinien, in 4 Stufen eingeteilt: Von »das wissen wir sehr sicher, denn es liegt sehr viel aussagekräftige und hochwertige wissenschaftliche Forschung zu dem Thema vor, die wir systematisch ausgewertet haben« bis zu »wir wissen wenig sicher, sondern haben aus unserer subjektiven Erfahrung heraus etwas aufgeschrieben, dass anderen vielleicht trotz der fehlenden Daten als Orientierung dienen kann«.

Die Empfehlungen zur Zusammensetzung von Babynahrung haben übrigens nicht mal offiziell die Stufe der »Evidenzklasse IV« erklommen, sondern sind gar nicht auf wissenschaftlicher Basis bewertet worden. Wer also sein Baby empfehlungsgemäß ernährt, wird ihm wohl keinen größeren Schaden zufügen, aber diese Vorgaben sind nicht viel mehr als die Zusammenfassung gängiger Praktiken. Klar, dass die sich ständig ändern. Je nach Autor, Sponsor und Großwetterlage.

Und so sollten Sie auch die Rezepte ab Seite 69 dieses Buches behandeln: Dabei handelt es sich um einen Ausschnitt aus der Ernährung, die ich ganz persönlich mit meinen eigenen Kindern erfolgreich praktiziert habe. Rezepte, die unserer Familienernährung, unseren familiären und persönlichen Ernährungsvorlieben entsprechen. Es sind keine in Stein gemeißelten Gesetzestafeln vom Berge Sinai.

Verschlucken ist ok!

Viele Kinder verschlucken sich nie. Andere ständig. Das ist so verschieden wie Haarfarben und noch schwerer vorhersehbar. Verschlucken ist nicht gefährlich! Gefährlich ist das Einatmen von Fremdkörpern. Dabei kann etwas vom Essen ins Lungengewebe geraten oder die Luftröhre kann so verstopft werden, dass Ersticken droht. Eine weitere Möglichkeit ist, dass ein hartes Stück an einem bestimmten Punkt im Rachen einen Reiz auslöst, der zum Herz-Kreislauf-Stillstand führt. Das sind grausige Vorstellungen, an die man nicht einmal denken möchte, die aber jeden Tag passieren. Könnten wir also das Risiko für solche Vorfälle minimieren, indem wir unsere Babys nur mit weichem Brei füttern? Nein. Leider nicht. Wenn das so wäre, würde ich wahrscheinlich sogar selbst anfangen Brei zu füttern.

Aber für Breifrei-Kinder besteht kein erhöhtes Risiko, dass ein Fremdkörper den Rachen versperrt oder in die Atemwege gerät, wenn man die eigene Intuition und vor allem die grundsätzlichen Sicherheitsregeln beherzigt. Das bestätigt auch gerade wieder eine Publikation der AAP, der kinderärztlichen Fachgesellschaft der USA. Den gesunden Menschenverstand sollte man trotzdem natürlich nicht über Bord werfen und sich immer wieder in Erinnerung rufen, dass ein Baby einen Fremdkörper zwar selbstständig abhusten oder ausspucken kann, aber eben nur, wenn es aufrecht und mit einer gewissen eigenen Rumpfspannung sitzt. Und egal wie sicher das Baby sitzt und wie weich das Essen ist, das vor ihm liegt – ein Erwachsener ist immer mit dabei und beaufsichtigt das Baby; es bleibt niemals allein. Die Nahrungsaufnahme erfolgt selbstbestimmt und das Baby ist Herr über die Art und Weise, wie es sich das Essen zum Mund führt und es gegebenenfalls hinunterschluckt.

Deshalb bieten Sie anfangs vielleicht bevorzugt weichere Lebensmittel oder Lebensmittel, die weich gelutscht werden können und verzichten auf harte oder pralle und vor allem runde Nahrungsmittel wie Nüsse in Stücken, ganze Trauben oder harte Äpfel und Möhren. Je mehr wir ein Baby in geschützter Umgebung mit Nahrung üben und experimentieren lassen, desto sicherer wird es bald essen.

Breifrei (be)greifen

Breifreikinder essen so, wie es ihrer geistigen und motorischen Entwicklung entspricht – es gibt keinen Grund anzunehmen, dass diese Entwicklung bei einem gesunden Kind von vorneherein in irgendeiner Form defizitär wäre. Die motorische Entwicklung der Hände gibt einen ersten groben Anhaltspunkt, welche Essphasen Ihr Kind durchlaufen wird: Zuerst stellt sich etwa zwischen dem vierten bis zehnten Lebensmonat das beidhändige Greifen mit den Handinnenflächen ein, ungefähr als ob sie zwischen Ihren Handflächen eine lästige Mücke erschlagen möchten, bloß viel langsamer.

Etwa ab dem sechsten oder siebten Lebensmonat greift das Baby auch einhändig zu. Es benutzt dabei zunächst aber immer noch keine einzelnen Finger, sondern streckt und beugt die ganze Hand. Zu diesem Zeitpunkt können viele Kinder bereits größere Objekte in der Hand halten und mit dem Mund erkunden: Ein Stück Brot oder eine Banane zum Bespiel. Aber auch Fleischstücke oder wenn Ihnen der Sinn danach steht, die bereits viel zitierte gedünstete Pastinake.

Mit ungefähr neun Monaten, wenn bei vielen Babys auch der Zeitpunkt gekommen ist, wo sie auch mal soviel essen, dass man zumindest sicher weiß, dass auch etwas im Baby gelandet ist, kommt der Pinzettengriff. Und der hat es wirklich in sich: Mit zwei gegenüberliegenden Fingerchen, meistens Daumen und Zeigefinger, greift sich Ihr Baby auch den winzigsten Brotkrümel und das kleinste Reiskorn. Die Mahlzeiten könnten nun etwas länger dauern – manche Eltern hätten locker Zeit alle Lost-Staffeln plus Bonusmaterial anzusehen, während Mia quälend langsam 100 Gramm Kochreis Korn für Korn zum Mund führt. Grundsätzlich dürfen Sie die Mahlzeit natürlich auch irgendwann beenden, wenn das Essen aus dem Ruder läuft und Sie das Gefühl haben: Das Baby ist im Prinzip

satt. Aber gönnen Sie Ihrem Baby auf jeden Fall auch ausreichend Ruhe und gerade, wenn es konzentriert bei der Sache ist, soll und darf es auch mal länger dauern.

Nach nur etwa drei Monaten wurden also aus oft hektisch rudernden Bewegungen gezielte Handgriffe, die Ihrem Baby nun, was Form und Konsistenz betrifft, im Prinzip alle Türen öffnen. Selbst Suppen kann es nun meistens problemlos mit Dippern kosten (wie meinen Dinkelstangen auf Seite 72). Natürlich müssen Sie weiterhin penibel darauf achten, dass es sich nicht verbrüht und die Suppe etwa Körpertemperatur hat.

Ihr Kind wird um den ersten Geburtstag herum einen normalen Löffel wahrscheinlich zunächst zum Stippen benutzen und sich dann langsam daran üben, den Löffel in einer gleichmäßigen horizontalen zum Mund zu führen. Am Anfang gelingt dies nur mit Lebensmitteln, die ein wenig kleben, wie zum Beispiel Reis, später im Laufe des zweiten Lebensjahres auch mit viel schwierigeren Dingen wie Suppen.

Breifei ist auch sonst ein Fast-Track-Super-Förderprogramm und das für lau: Durch den frühen Kontakt mit verschiedenen Texturen und Konsistenzen wird die feine Mundmuskulatur und mit ihr die Mundmotorik– besonders die Zungenbewegungen trainiert, die auch für eine klare Aussprache wichtig sind. Genauso kommt Breifrei der Feinmotorik der Hände und der Auge-Hand-Koordination zu gute.

Ritter des Kokosöls: Online-Quatsch

Kennen Sie das Theorem der endlos tippenden Affen: Wenn eine unbegrenzte Menge Affen auf einer unbegrenzten Menge Schreibmaschinen eine unbegrenzte Zeit lang tippt, sollen dabei irgendwann auch Goethes gesammelten Werke entstehen. Naja, spätestens das Internet konnte wahrscheinlich beweisen, dass das doch falsch ist. Dabei ist die Online-Gemeinschaft gerade für Breifrei-Familien grundsätzlich etwas überaus Feines: Wo sonst trifft man so einfach – mit einem einzigen Klick auf die Google-Suchfunktion – eine ganze Masse Leute, die zumindest beikostmäßig genauso tickt, wie man selbst?

Aber so ein Onlinetribe hat eben auch seine Tücken, denn manchmal verselbstständigen sich dort Behauptungen, deren Wahrheitsgehalt oder Nutzen, sagen wir mal: begrenzt ist.

Sind Quetschbeutel eine gute Idee?

Nein. Keine gute Idee. Überhaupt keine gute Idee; die sind sogar eine ausgesprochen und über alle Maßen schlechte Idee! »Quetschies« oder »Squeezeflaschen« sind nämlich im Prinzip das gleiche wie das

Breifüttern aus der Flasche, von vor dreißig oder vierzig Jahren: es ist Gift für die Zähne und macht dick und rund. Sie sind die moderne aber nicht minder ungesunde Version der berüchtigten Flasche mit dem durch eine Stopfnadel vergrößerten Saugerloch, von der Tante Uschi immer erzählt. Behandeln Sie die Beutel wie Süßigkeiten: Nie oder selten. Ausnahmsweise mal so ein Quetschbeutel schadet sicher keinem Kind, aber seien Sie besonders bei kleinen Babys überaus vorsichtig, denn inzwischen nutzen manche Eltern die süßen Pürees als Abstillmethode: Durch den Saugaufsatz wird das Saugbedürfnis befriedigt – das sollte aber vorrangig aus der Brust oder ersatzweise einer Flasche mit Formelmilch eventuell kombiniert mit einem Schnuller geschehen. Abstillen mit Quetsch-Obst-Nippel-Tüten ist kein baby-led weaning!

Ist Zucker böse?

Nein, Zucker ist nicht böse. Zucker ist sogar super. Und wenn ein Baby keinen Zucker zu essen bekommt, stirbt es. So einfach ist das. Aber bevor Sie jetzt anfangen, ihren kleinen Schatz oberselbstbestimmt Würfelzucker essen zu lassen: Haaaalt! Lassen Sie mich kurz erklären. »Zucker« ist nämlich bei weitem nicht nur der schlohweiße, süße Rieselkram, den Sie sich wahrscheinlich jeden Morgen in ein Heißgetränk Ihrer Wahl schütten, oder mit dem Sie Kuchen backen, sondern erstmal ist jedes Kohlenhydrat auch gleichzeitig Zucker. Kohlenhydrate kommen zum Beispiel massig vor in Brot, Nudeln, Kartoffeln und Reis. Und das dürfen und sollen Babys natürlich essen. Und in süßen Sachen, an die sie bei dem Wort Zucker jetzt wahrscheinlich als erstes gedacht haben, stecken ebenso jede Menge Kohlenhydrate: In einer Tafel Schokolade, Datteln oder Weintrauben zum Beispiel. Und sehr stark gesüßte Dinge sollten Sie Ihr Baby eben nicht unbedingt essen lassen oder nur als Ausnahme. Wenn Sie statt raffiniertem Zucker Datteln oder Backpflaumen verwenden, ist das nun nicht sehr viel gesünder als das Süßen mit Zuckerstücken. Das hat aber den entscheidenden Vorteil, dass Sie wahrscheinlich viel bewusster und maßvoller mit der Süße umgehen. Also mal eine Dattel ist ok. Ein Marsriegel oder ein süßer Joghurt jetzt eher nicht.

Ist Vollstillen der Heilige Gral?

Nein. Und das sage ich Ihnen als Stillberaterin. Vollstillen ist viel länger als sechs Monate nicht mehr der Heilige Gral. Denn Vollstillen bedeutet, dass Ihr Baby nichts Anderes außer Muttermilch und bestimmte Flüssigkeiten bekommt. Buchstäblich: Nichts! Es darf nicht an einer Banane lecken, an keinem Brotkanten nagen und sich kein Stück Avocado in den Mund schmieren. Vollstillen heißt: Nur Muttermilch, bestimmte Flüssigkeiten und eventuell Medikamente. Nichts. Sonst. Und damit tun Sie Ihrem Baby keinen Gefallen. Muttermilch deckt die ersten sechs Monate problemlos den gesamten

Nahrungsbedarf Ihres Babys. Und dann beginnt irgendwann – nicht unbedingt mit Schlag Mitternacht, aber irgendwann um den Beginn des siebten Lebensmonats herum, der Bedarf an bestimmten Nährstoffen mini-mini-minimal zu steigen. So leise und so wenig, dass es völlig ausreicht ein gutes Angebot vorzuhalten und Ihrem Baby Zugang zum Familientisch zu ermöglichen; ihm zu ermöglichen das Essen zu erkunden und vielleicht auch nur mikroskopisch kleine Mengen zu essen. Sie dürfen darauf vertrauen, dass Ihr gesundes Baby die aufgenommenen Mengen in Eigenregie genauso erhöht, wie es ihm gut tut. Und Sie stillen weiter nach Bedarf! Muttermilch ist notwendig und kann ihr Kind zuverlässig und risikomindernd noch viel länger begleiten. Aber: Dazu müssen Sie Ihrem Kind die Gelegenheit zum Essen geben. Ihr Baby vom Tisch wegzuhalten und ihm das Käsebrot aus der Hand zu nehmen, weil Sie irgendwo mal gehört haben, dass man 8, 10 oder gar 12 Monate vollstillen kann oder soll, ist gefährlicher Quatsch. Muttermilch bildet bis zum ersten Geburtstag das wichtigste Nahrungsmittel, aber eben nicht das einzige. Und es geht nicht ums Essen und schon gar nicht ums Zwingen – es geht ums Anbieten.

Sind jetzt Milch und Eier verboten?

Könnte man fast meinen, wenn man die Flut an »BLW«-Rezepten mit Hafermilch, Mandelmus, Banane & Co durchstöbert, aber: Nein, Eier sind natürlich erlaubt. Die Vermeidung von tierischen Proteinen ist in der Regel durch weltanschauliche Entscheidungen geprägt, weniger durch ernährungsphysiologische. Sie können also ruhig im üblichen Rahmen Milchprodukte und Eier verwenden. Was Sie in jedem Fall vermeiden sollten, ist Muttermilchmahlzeiten durch Kuhmilchmahlzeiten zu ersetzen. Auch in diesem Buch finden Sie einige Rezepte mit Bananen statt Eiern oder mit Kokosmilch (Thai-Curry, Seite 100). Das sind einfach Anregungen, eine vielfältige und leckere Küche auszuprobieren.

Ist ein Leben ohne Kokosöl möglich?

Möglich ja, aber sinnlos. Könnte man jedenfalls meinen, wenn man sich durch einschlägige Foren und Elterngruppen liest. Kochen, braten, backen, würzen: Als ob diese Vielfalt nicht schon spektakulär genug wäre – nein, mit Kokosöl werden auch noch Babypos gesäubert, Insekten in die Flucht geschlagen und vermeintlich Sonnenbrände bekämpft. Ich glaube sogar, dass mal jemand versucht hat, daraus Zahnpasta zu kredenzen. Ja, auch in diesem Buch begegnet Ihnen das unvermeidliche Kokosöl, und ja, ich finde es persönlich ganz lecker und essen kann man es auch. Die Popo-Sonnen-Mücken-Geschichten sind aber zumindest wissenschaftlich nicht belegt. Es geht also auch prima ganz ohne das Öl, aus dem Elternträume sind, ganz wie es Ihnen beliebt. Machen Sie den Hype mit – oder auch nicht.

Braucht man Spezial-breifrei-Rezepte?

Jein. Einige brauchen sie, andere nicht. Im Prinzip gibt es in dem Sinne gar keine »Breifrei-Rezepte« bloß Rezepte. Denn im Gegensatz zum fade durchgematschten Gemüsebrei, den die meisten von uns nicht gerade freiwillig appetitvoll verschlingen würden, ist ja breifreies Babyessen erstmal nichts anderes als ausgewogene Nahrung für Erwachsene. Diese Erkenntnis hat der eine gleich verinnerlicht und braucht nichts weiter, der andere fühlt sich damit doch noch etwas zu allein gelassen und möchte noch mehr an die Hand genommen werden. Beides ist ok. Online hat sich das Spezial-Rezepte-Phänomen allerdings teilweise etwas verselbstständigt und man fühlt sich beinahe schon als Rabenmutti, wenn das Baby statt Dinkelstangen einfach ein Stück Brot bekommt. Die Backorgien, an deren Ende Dinkelstangen (Seite 72) oder wunderschöne Kuchen stehen, dienen aber noch einem anderen wichtigen Zweck: Zugehörigkeitsgefühl zum Onlinetribe. Wie ein Passageritual, eine Aufnahmeprüfung in den innersten Zirkel der Baby-Led-Weaner, werden da Handyfotos mit #breifrei #blw gehashtagged, was das Zeug hält, schließlich sieht die Dinkelstange ja sonst keiner. Auch das ist mehr als ok – der Mensch ist nicht zum Einzelkämpfer geboren, sondern will und braucht Gleichgesinnte.

Schreckgespenst Mangelernährung

Das größte elterliche Schreckgespenst beim breifreien Beikostweg ist meiner langjährigen Erfahrung nach die Mangelernährung. Ja, es ist möglich, dass Kinder daran leiden. Weder babygeleitete Beikost, noch Löffelfütterung schützt davor zu 100%. Baby-led weaning Kinder haben kein größeres Risiko für Mangelerscheinungen als Breikinder. Leider wird diese Angst aber häufig sogar von vermeintlichem Fachpersonal unnötigerweise geschürt. Es wäre andererseits natürlich auch unseriös zu behaupten, dass es keine mangelernährten Babys und Kinder gäbe. Schauen wir uns doch zur näheren Erläuterung einmal die beiden grundlegenden Typen der ernährungsbedingten Mangelernährung an: Die Mangelernährung durch zu wenig Essen und die Mangelernährung durch falsches Essen.

Beide Krankheitsbilder findet man in Deutschland so gut wie gar nicht. Es ist unglaublich schwierig, ein Kind hierzulande ernährungsbedingt mangelzuernähren. Und bei einem gesunden Kind, das Zugang zu vielfältigen Speisen erhält, halte ich das sogar für unmöglich. Wie es ein älterer Kinderarzt aus meiner Gegend mal sehr provokant formulierte: »Vor einem vollen Teller ist noch kein gesundes Kind verhungert.« Und wenn Sie doch den Eindruck haben, dass ihr Kind »nichts« isst oder »nicht genug«? Dann sehen Sie sich doch einfach mal den Gewichtsverlauf an – wenn Sie es selbst nicht so mit Perzentilenkurven haben, lassen Sie es sich von Ihrem Kinderarzt erklären, der idealerweise die aktuellen WHO-Kurven zugrunde legt. Dort können sie schwarz auf weiß sehen, dass ihr Baby ein normales Gewicht hat. Dass es vielleicht 5 Kilo weniger wiegt, als Moppel-Mats aus dem Pekip oder 5 Kilo mehr als Ihre gleichaltrige Nichte Spargel-Stella hat absolut nichts zu sagen, denn für die Bestimmung des Gewichtes ist die Gewichtsentwicklung in bestimmten Zeiträumen ausschlaggebend und nicht das absolute Gewicht. Die Kurven im Kinderuntersuchungsheft sind erstens nicht die aktuellen WHO-Kurven und zweitens darf sich ihr Kind problemlos auch ganz oben oder ganz unten ansiedeln. Wenn es zum Beispiel irgendwo in der Nähe der 100. Perzentile liegt, ist eines von 100 gesunden Kindern genauso schwer wie Ihres. Und 99 andere, ebenso gesunde Kinder sind – rein statistisch gesehen – leichter.

Mangelernährung durch zu wenig oder falsches Essen ist ohne Vorerkrankung hier in Deutschland also selten. Was es natürlich gibt und was auch nicht so selten ist, sind Mangelerscheinungen. Die sind aber in aller Regel eben nicht ernährungsbedingt und können deshalb eben auch nicht durch Ernährung behoben werden. Wenn Ihr Baby also zum Beispiel tatsächlich einen Eisen- oder einen Zinkmangel hat und deshalb an Appetitlosigkeit leidet, würde ein Arzt ihm wahrscheinlich ein Nahrungsergänzungspräparat verschreiben. Stellen Sie sich doch mal vor, Sie haben eine schwere und langwierige bakterielle Infektionskrankheit und keinen Appetit. Sie haben auch schon sehr abgenommen und Ihre Familie macht sich Sorgen. Würde es mehr Sinn ergeben, die Infektion zu behandeln oder wäre es Ihnen lieber, man zwingt Sie drei Rouladen zu essen, damit Ihr Appetit zurückkehrt?

Übrigens: Fast immer kann bei appetitlosen Kindern keinerlei Mangel festgestellt werden. Es gibt gesunde Kinder, die im gesamten ersten Lebensjahr fast nichts anderes zu sich nehmen, als Muttermilch. Sind alle anderen Werte in Ordnung, ist das kein Grund zu weiteren Besorgnis, sollte aber natürlich abgeklärt werden.

Achtung, verboten!

Sehr oft höre ich in meinen Beratungen und Workshops eine Frage (meistens von einem schweren Seufzer begleitet): »Aber WAS darf ich ihm den nun zu essen geben?« Ich frage dann immer: »Was nicht?« Denn die Liste der verbotenen und mit Vorsicht zu genießenden Lebensmittel ist viel, viel kürzer als die Liste mit Dingen, die Ihr Baby völlig problemlos mitessen darf! Trotzdem habe ich hier noch mal zusammenfassend aufgelistet, was Ihr Baby gar nicht oder nur mit Vorsicht genießen sollte. Und denken Sie daran – bei breifrei gilt der einfache Grundsatz: Was nicht verboten ist, ist erlaubt.

Alkohol

Dass Alkohol ein absolutes Verbot in der Ernährung von Babys und Kindern darstellt, erklärt sich hoffentlich von selbst: Schon geringste Mengen wirken schädigend auf Nervensystem und Organe. Und nicht nur, dass Alkohol auch in winzigen Mengen pures Gift für ein Baby ist; das Baby gewöhnt sich auch an den eigentlich abschreckenden Geschmack von Alkohol und hat eine deutlich niedrigere Hemmschwelle Alkohol später ungehemmt zu konsumieren. Dasselbe gilt natürlich auch für alle anderen Suchtmittel – aber auch hier appelliere ich wieder an Ihren gesunden Menschenverstand. Und wer dem Baby Wodka gibt, dem hilft auch kein Elternratgeber.

Honig

Honig kann in seltenen Fällen mit Bakterien belastet sein, deren Gift bei Babys die lebensgefährliche Krankheit Säuglingsbotulismus auslösen kann. Honig ist derzeit der einzig zweifelsfrei nachgewiesene Auslöser, und damit Honigverzicht die einzig bekannte Vorbeugungsmaßnahme. Rufen nach der Warnung vor anderen Siruparten pflanzlichen Ursprungs wie Ahorn- oder Maissirup hat sich das Bundesinstitut für Risikogefährdung nicht angeschlossen, da die Übertragung nach aktuellem Kenntnisstand höchstens eine theoretische Möglichkeit darstellt. Etwa ab dem ersten Geburtstag geht bei Babys ohne Vorerkrankungen von Honig keine Gefahr mehr aus. Allerdings sollte jeder Mensch, nicht nur Säuglinge, aus Sicherheitsgründen unter Sauerstoffabschluss Gelagertes wie selbstgemachte Fleischkonserven, nicht gut durcherhitzte selbstgemachte Marmelade immer zweifach gut durcherhitzen, um auskeimende Sporen sicher abzutöten. An Botulismus kann nämlich jederzeit jeder erkranken, das ist nicht bloß für Babys reserviert.

Nusstücke (und anderes, das klein und hart ist)

Klar, Nüsse sind gesund, das weiß jeder. Und Ihr Baby darf auch gerne Nüsse essen, aber nur gemahlen, nicht in Stückchen. Wenn nämlich so ein Stückchen ausversehen eingeatmet wird, wie es mit jedem Lebensmittel passieren kann, das in Bröckchen, Krümelchen oder Stücken daherkommt, dann passiert bei Nüssen etwas Besonderes. Die Nüsse, besonders Erdnüsse, lösen eine sofortige Entzündungsreaktion im Lungengewebe aus, was dazu führen kann, dass das Nussstück nur noch mithilfe einer komplizierten und größeren Operation wieder entfernt werden kann. Auch andere kleine und harte Dinge, nicht nur Essbares, sondern auch winzige Spielzeugteile, können eingeatmet werden. Also ist auch hier natürlich Vorsicht oder Vermeidung geboten. Immer mal wieder liest man, den Satz, dass man Nüsse nicht eher essen dürfe, bis man Nüsse schreiben könne. Folgt man dieser Vorgabe, käme so mancher nie in den Genuss der leckeren Schalenfrüchte.

Achtung, eventuell vermeiden

Hartes, Zähes und Rohes

Hartem können Babys so wirklich gut erst mit einem Set Backenzähne beikommen. Aber bedenken sie auch, dass Backenzähne ja sowieso erst so ab der Mitte des zweiten Lebensjahres auf dem Plan stehen. Sie dürfen natürlich auch vorher vom Zuckermais probieren oder ein Stück härteres Brot weich lutschen. Selbst wenn Sie am nächsten Tag Maiskörner in der Windel finden, die so unversehrt aussehen, als könnte man sie glatt noch mal servieren, ist das kein Problem. Ein Breifrei-Kind ist ja nicht selbstzerstörerisch veranlagt – es würde nie riesige Mengen einer Speise essen, die es nicht verwerten kann. Und ein bisschen was ist überhaupt nicht dramatisch, sondern gehört dazu. Bei harten Dinge, von denen beim Kauen kleine Stücke abbrechen können, wie zum Beispiel bei ganzen rohen Möhren oder harten Äpfeln ist aber tatsächlich Vorsicht geboten – reiben Sie solche Lebensmittel einfach und kredenzen Sie eine leckere Apfel-Möhren-Kost oder einen Waldorfsalat.

Unhygienische Bedingungen in der Küche und beim Essen

Lebensmittelsicherheit und Hygiene ist noch mal so wichtig, wenn ein Baby mit am Tisch sitzt. Halten Sie Ihre Hände, Ihre Küchenutensilien sowie Ess- und Arbeitsplatz und Kühlschrank sauber. Putzen, spülen und wischen Sie regelmäßig mit frischen, sauberen Lappen und heißem Seifenwasser. Stellen Sie sicher, dass verdorbene Lebensmittel sofort entsorgt werden. Waschen Sie Gemüse und Obst vor dem Verzehr gründlich ab und stellen sie zu kühlende Lebensmittel wie Fleisch, Fisch oder Milchprodukte sofort nach dem Einkauf in den Kühlschrank. Für Babys sollten Sie nicht durchgegarte Fleisch- und Fischprodukte sowie rohe oder halbrohe Eier vermeiden. Auch vorgeschnittene Salate und Sprossen aus der Kühltheke sind nicht gut geeignet, denn Sie sind wahre Keimschleudern.

Blätter

Salatblätter können wie auch Apfelschale und ähnliches schwer und gar nicht ohne Backenzähne zermahlen werden. Deshalb haben Salatblätter und teils auch ganze Blätter von Mangold oder Spinat manchmal die Eigenschaft am kindlichen Gaumen festzukleben und einen Brechreiz auszulösen. Nicht unbedingt gefährlich, aber doch sehr unangenehm und vermeidbar. Entweder Salat weglassen oder klein schneiden.

Sehr Salziges

Salz ist ein sehr umstrittenes Thema, aber im Moment geht man davon aus, dass Babys im ersten Lebensjahr in der Regel nicht mehr 1 Gramm Salz (entspricht etwa 0,4 Gramm Natrium) am

Tag zu sich nehmen sollten. So wenig ist das eigentlich gar nicht und wird bei selbstbestimmtem Essen von natürlichen Lebensmitteln selten überschritten. Die Angaben auf der Packung wie zum Beispiel bei Käse, denn den werden Sie ja eher nicht zuhause selber herstellen, bezeichnen ja auch meistens 100 Gramm und soviel isst ein Baby davon in aller Regel gar nicht. Wenn Sie unsicher sind, dann rechnen Sie, aber im Prinzip sollte es genügen, wenn Sie auf zusätzliches Salzen möglichst verzichten. Und nutzen Sie doch auch gleich die Gelegenheit, sich selbst an salzärmeres Essen zu gewöhnen, denn oder besonders die erwachsenen Geschmacksnerven sind schon sehr an übersalzene Speisen gewöhnt. Und weil Ihr Kind Ihnen mittel- oder langfristig ohnehin nacheifern und Ihre Verhaltensmuster und Essgewohnheiten übernehmen wird, ist das doch eine gute Gelegenheit, den eigenen Salzkonsum etwas einzuschränken, um wieder feinere Zwischentöne zu schmecken.

Sehr Süßes

Das Thema Zucker haben wir ja schon im Kapitel über Online-Quatsch behandelt – aber sehr Süßes gehört natürlich auch zu den Dingen, die Sie lieber vermeiden sollten. Hängen Sie sich nicht so sehr daran auf, ob es »gute« oder »schlechte« Süße ist. Übertrieben süße Dinge, vor allem stark Nachgezuckertes und Sirupartiges sollten gerade im ersten Lebensjahr wirklich sparsam genossen werden. Aber machen Sie sich andererseits auch nicht mit einer vermeintlichen Prägung verrückt: Babys lieben Süßes, weil Muttermilch süß ist. Und weil süß heißt: viel Energie, reif und wahrscheinlich ungiftig. So einfach ist das. Und deshalb essen Babys und Kinder eben schlauerweise meistens begeisterter Bananen als Möhren. Da können wir so viele Gemüselollies schnitzen, wie wir wollen.

Fast und Convenience Food

Das meiste was hübsch verpackt in Tüte, Dose, Glas oder Flasche im Supermarkt lauert und mehr als eine Handvoll Zutaten auf dem Etikett trägt, von denen wir womöglich einige nicht mal kennen, gehört nicht in die Hände oder Münder von Kindern. Warum? Ganz einfach: Diese Produkte sind nicht besonders gesund. Durch ihr häufig langes Regalleben fehlen ihnen manche Nährstoffe und durch verschiedene Tricks aus den Versuchsküchen der großen Konzerne, vor allem die Kombination von Salz, Zucker und Geschmacksverstärkern, sind sie so designend, dass wir mehr von Ihnen essen, als unser Hungergefühl uns sagt. Auch die Etiketten sind nicht immer sehr aussagekräftig und hinter schönen Wörtern wie »Blaubeerextrakt« verbergen sich Geschmacksverstärker. Wenn Sie sich unsicher sind, vermeiden Sie alles, mit mehr als 5 Zutaten auf dem Etikett und alles mit Zutaten, die Sie nicht eindeutig zuordnen können.

Grau ist alle Theorie

Ja, grau ist die Theorie und genauso wie die leckere Leberwurst ohne Nitritpökelsalz. Aber kunterbunt sind die vielfältigen Möglichkeiten einer breifreien Familienkost.

Bei der Auswahl dessen, was Sie Ihrem Baby servieren, wählen Sie immer bevorzugt das, was Sie selber sowieso essen. Nur wenn Ihnen etwas bedenklich vorkommt, verzichten Sie drauf, Ihr Baby davon kosten zu lassen oder tauschen es gegen ein unverdächtiges Lebensmittel aus.

Diese folgenden Inspirationen dienen als Anhaltspunkt für Unsichere, nicht als Verpflichtung. Ihr Kind kommt nicht mit 13 ins Diät-Boot-Camp, weil es mit acht Monaten an einem Stück Kuchen geleckt hat. Im Gegenteil, eine gute Ernährung, die Sie auch in drei Jahren noch durchhalten, hilft Ihrem Kind mehr, als wenn Sie in den ersten Beikostmonaten komplett durchdrehen, nur noch Demeter Produkte kaufen, obwohl Sie das früher nie gemacht haben. Oder den bisherigen Inhalt Ihrer Küchenschränke im Hausmüll entsorgen und in der Folge bald andere Familienmitglieder dabei erwischen, wie sie sich nachts bei 5 Grad auf der Terrasse konspirativ um ein XXL-Glas Konventio-Nutella scharen. Bewahren Sie sich und Ihrer Familie Ihren eigenen Essensstil und Ihre eigenen Vorlieben, solange Sie Ihrem Baby damit nicht schaden.

Belegen Sie Essen nicht mit Versagensängsten, Verboten und zu vielen Geboten – nicht für Ihr Kind und auch nicht für Sie selbst. Essen mit Lust und Freude ohne dass sie ständig vom eingebildeten erhobenen Zeigefinger gepiekt werden, macht glücklich und garantiert langfristig ein gesundes Essverhalten. Übrigens: Wenn ich Eltern persönlich berate, bekommen Sie nie Rezepte von mir und ich koche natürlich auch nicht mit Ihnen. Sie erzählen mir einfach, was sie so ungefähr essen und wobei sie sich unsicher sind, ob ihr Baby mitessen darf. In aller Regel kommt dabei heraus, dass Babys die überwältigende Mehrheit der frisch zubereiteten Familienkost einfach mitessen dürfen. Und ich bin mir sicher: Das ist in Ihrer Familie ganz genauso!

Nehmen Sie also ruhig den Beikoststart gleichzeitig als Start in eine insgesamt ausgewogenere Familienernährung. Sonst kaufen Sie vielleicht in den ersten 12 Monaten brav Bio-Pastinaken, nur um dann am ersten Geburtstag die Schokokussschachtel über dem Baby zu entleeren und ab jetzt wie gewohnt Tiefkühlpizza und Curry-King zu servieren. Oder wahrscheinlicher: Ihr Kind lässt sich auch mit 18 Monaten noch vorwiegend füttern und kann mit drei noch nicht selber Suppe essen, weil Sie es von der Babykost so leicht gar nicht wieder loskommen. Der spanische Kinderarzt Dr. Carlos Gonzáles sieht in der Gewöhnung an den Löffel und anschließende Rückgewöhnung an selbstständiges Essen sogar eine unnötige psychische Belastung für das Kind. Ob diese Belastung bei sensibler Löffelfütterung, die die Signale des Kindes beachtet, tatsächlich so extrem ist, kann ich nicht sagen; aber eines ist sicher: Notwendig ist das ständige Umgewöhnen mit Sicherheit nicht. Wenn nicht spezielle medizinische oder persönliche Gründe dagegensprechen, trinkt ein Baby etwa im ersten halben Jahr ausschließlich an der Brust, um dann langsam und selbstständig damit zu beginnen, sich zunächst mit den Händen, später mit Besteck unter Fortsetzung des Stillens an geeigneter Familienkost mit zu bedienen. Es ist im Normalfall nicht nötig, das Kind an eine Flasche zu gewöhnen und es nicht nötig, das Kind an einen Löffel zu gewöhnen.

Tischlein deck dich

Verwandte von uns haben mit ihren Kindern den typischen »Breifütterweg« beschritten. Wenn wir uns mal irgendwo zum Essen im Familienkreis trafen, staunten wir manchmal, denn als Breifrei-Eltern waren uns einige Gepflogenheiten völlig unbekannt. Zum Beispiel mussten möglichst immer vorher Teller mit Essen für die Kinder bereitet werden, damit die Speisen kalt oder lauwarm werden konnten. Die Kinder waren es auch zu einer Zeit, als sie schon länger

selbst aßen, so sehr gewöhnt, dass die Temperatur des Essens immer niedrig und vorkontrolliert war, dass sie versucht hätten, sich auch zu heiße Speisen zügig in den Mund zu schieben und sich damit weh getan hätten. Bei Brei kontrollieren die Eltern natürlich die Nahrung und müssen genau abpassen, wann eine adäquate Esstemperatur erreicht ist oder den Brei eben gleich kalt füttern. Und natürlich muss man auch bei Breifrei-kindern sehr sorgfältig darauf achten, dass sie sich nicht verbrennen oder verbrühen.

Aber es ist völlig in Ordnung einem Breifrei-Kind zum Beispiel Kartoffeln auf den Teller zu legen, die eventuell noch ein wenig heiß sind, natürlich nicht gefährlich heiß. Das Kind ist daran gewöhnt, erst mit der Hand zu testen und dann zu entscheiden, ob die Esstemperatur in Ordnung ist, denn was uns an der Hand sehr heiß vorkommt, können wir zum Beispiel im Mund schon gut tolerieren, Das können Sie ja bei der nächsten Mahlzeit selbst mal ausprobieren! Bei Flüssigkeiten wie Suppen oder Saucen muss bei breifrei immer absolut sichergestellt sein, dass sie nicht mehr als 45 Grad warm sind, denn schon ab dieser Temperatur kann sich ein Kind schwere Verbrühungen zu ziehen. Beachten sie auch hier: Sie sind als Eltern verantwortlich dafür, dass das Kind das tun darf, was es schon selbst kann und Risiken aus dem Weg zu räumen, die es noch nicht einschätzen kann.

Bei einer anderen Familie, bei der wir vor einigen Jahren zu Besuch waren, wurde das damals 10 Monate alte Mädchen »schnell« noch vor unserem gemeinsamen Essen mit einem Brei gefüttert. Der Vater erklärte uns, dass sie das bei allen häuslichen Mahlzeiten so praktizierten, damit die Erwachsenen »in Ruhe« essen könnten. Auch hier liegt natürlich die letzte Entscheidung bei den Eltern, aber wir fanden es eine mehr als merkwürdige Vorstellung, unsere Kinder vorher abzufüttern, um dann selbst unsere entspanntes, fröhliches, leckeres, frisches und mit Liebe gekochte Familienessen zu zweit zu genießen. Ein Familienessen wäre es dann ja irgendwie auch sowieso nicht mehr gewesen.

Vielleicht haben Sie Lust, sich jetzt, wo sie die Beikostzeit und damit in gewissem Maße auch Babys weitere Esskarriere planen, selbst einmal zu fragen: Was macht eigentlich für mich ein angenehmes Essen aus? Was ist mir wichtig? Wann kann ich selbst Essen genießen? Und wann erlaube ich mir überhaupt Essen zu genießen? Was macht in meinen Augen einen »guten Esser« oder einen »schlechten Esser« aus? Wie wurde ich vielleicht selbst früher bezeichnet und warum? Ist es immer ein Kompliment, ein »guter Esser« zu sein? Und was genau meinen wir eigentlich damit, wenn jemand ein »schlechter Esser« ist? Was wünsche ich mir von meinem Kind? Wünsche ich mir ein Kind, das alles isst, was ich ihm hinstelle? Ist das eine realistische Erwartung? Was wollten meine Eltern früher von mir? Wie habe ich reagiert? Und vor allem: Was wünsche ich mir für mein Kind in seinem weiteren Leben: Welche Vision habe ich von der Ernährung meines erwachsenen Kindes? Wie kann ich es dabei unterstützen dorthin zu finden?

Foodboard für die Küche basteln

Was mache ich heute zu essen? Planen Sie nicht, stehen Sie irgendwann inspirationslos im Supermarkt und – planen Sie am Anfang der Woche, halten Sie den guten Vorsatz maximal ein paar Wochen durch.

Die Lösung: Ein Foodboard. Diese Pinnwand funktioniert nach dem Baukastensystem und ist ganz einfach gebaut.

Sie benötigen:

- 1 Leimholzplatte 40×90cm
- 1 Leimholzplatte 40×15cm
- 7 kleine Neodymmagnete (super stark!)
- Schultafelfarbe
- Magnetfarbe
- Kreppband & kleine Schaumstoffrolle für den Farbauftrag
- 7 kleine Rechtecke aus Holz- oder Pappe
- Papier
- Schere
- Stift
- Alleskleber
- Holzschrauben
- Schraubendreher oder Akkuschrauber
- Gläser mit Schraubdeckel (z. B. Wurstgläser)
- Hammer & größeren Nagel

Kleben Sie die Ränder der großen Platte einige Zentimeter breit mit Kreppband ab, sodass in der Mitte ein gleichmäßiges Rechteck stehen bleibt. Dieses Rechteck übermalen Sie mehrmals mit Magnetfarbe, die Sie nach jedem Arbeitsgang gut durchtrocknen lassen. (Wenn Sie möchten, können Sie die recht raue Fläche noch mit einer sehr dünnen Schicht Fertigspachtel

glatt ziehen.) Zum Abschluss tragen Sie die Tafelfarbe auf.

Bringen Sie nun am unteren Ende der großen Holzplatte, die kleinere mithilfe der Holzschrauben so an, dass die beiden Platten seitlich betrachtet ein » L« ergeben. Um eine noch bessere Haftung zu garantieren können Sie die Flächen zusätzlich noch vor dem Schrauben mit Holzleim verbinden.

Beschriften Sie die 7 kleinen Rechtecke mit den Namen der Wochentage und kleben Sie sie auf die Magnete.

Hämmern Sie mithilfe eines größeren Nagels von unten zwei Löcher in die Deckel der Schraubgläser. Schrauben Sie die Deckel der Gläser mit jeweils zwei Holzschrauben von unten an das kürzere Brett. Benutzen Sie in jedem Fall zwei Schrauben, damit sich der Deckel von unten später abdrehen lässt, ohne dass sich der Deckel mitdreht. Ich verwende vier Gläser, Sie können aber auch weniger oder mehr benutzen. Beschriften Sie die Gläser mit einem Etikett oder einem wasserfesten Stift – zum Beispiel. »vorkochbar«, »highlights« »›30 min« »ein Topf« oder »mit Kartoffeln«, »mit Pasta«, »mit Reis«, »mit Brot«.

Schneiden Sie ein Din A 4 Blatt in 4 Querstreifen und schreiben Sie Namen und Zutatenliste Ihrer Lieblingsrezepte darauf und sortieren Sie die Rezepte in die einzelnen Gläser. Ihre Rezeptsammlung kann nun immer weiter wachsen und die ständige Frage »Was koche ich heute?« gehört bald der Vergangenheit an.

Was ist gesunde Ernährung?

Wenn Sie sich auch von den Millionen Informationen über Ernährung überrollt fühlen und Sie vielleicht manchmal das Gefühl beschleicht, Sie könnten eigentlich gar nichts richtig machen, dann... haben Sie Recht! Sie werden für fast jede Ernährungsweise und fast jedes Nahrungsmittel noch von irgendwoher Experten aus dem Hut zaubern, die absolut überzeugend darlegen, dass dieses oder jenes das Beste wäre: fleischhaltig/fleischlos oder kohlenhydratarm/kohlenhydratreich oder fettarm/fettreich – die Liste ließe sich noch länger fortsetzen. Weiter geht es mit einzelnen Nahrungsmitteln und wird noch viel verwirrender: gute Butter/böse Butter, guter Zucker/böser Zucker, gutes Hühnchen/böses Hühnchen, naja usw. Sie wissen schon...

Wenn dann einer mit Begriffen wie »in Maßen« oder »kommt drauf an« aufwartet, ruft das bei dem einen Erleichterung hervor, bei dem anderen einfach nur Frust: Was soll man mit solchen schwammigen Aussagen anfangen? Wie viel genau ist denn »in Maßen«? Und worauf kommt es bitteschön dabei wirklich »an«? Für die Frustigen gibt es dann die Beikosttabellen. Zwar passen die zu den meisten Kindern nicht besonders gut, weil sie alle Kinder über einen Kamm scheren, aber immerhin hat die liebe Seele dann Ruh‘ und man weiß wenigstens an welchem Ideal man dann ehrenvoll scheitern kann.

Falls Sie aber zu denen gehören, die erleichtert aufatmen, weil es in Wirklichkeit gar keine sinnvollen starren Vorschriften gibt; wenn Sie zu denen gehören, die sich den Wind der Freiheit um die Nasen wehen lassen möchten (statt stinkender Babypupse von einer guantanamo-inspirierten Frühkarottenfütterung) oder sogar zu denen, die sich darauf freuen, Ihrem Baby einfach die Dinge zu essen zu geben, die sie selbst für babygeeignet halten – ja, falls etwas davon auf Sie zutrifft, dann ist breifrei am Familientisch genau das Richtige für Sie!

Nehmen Sie deshalb alle Ideen, die ich Ihnen mit auf den Weg geben möchte als das, was sie sind: Orientierungspunkte.

Immerwährender Einkaufszettel zu Ihrer Inspiration:

Der immerwährende Einkaufszettel

Wie/Wo?	Was?
Auf der Fensterbank oder im Garten	Basilikum, Kerbel, Minze, Petersilie, Rosmarin, Schnittlauch, Thymian
Ca. 1–2 Mal die Woche (je nach Saison) frisch einkaufen	Avocado, Bananen, Blaubeeren, Blumenkohl, Brokkoli, Erdbeeren, Esskastanien, Frühlingszwiebeln, Grünkohl, Gurken, Himbeeren, Kirschen, Kürbis, Mirabellen, Möhren, Nektarinen, Paprika, Petersilienwurzeln, Pflaumen, Pfirsiche, Porree, Radieschen, Paprika, Spargel, Rosenkohl, Rote Bete, Stangenbohnen, Steckrüben, Spinat, Tomaten, Weintrauben, Zucchini Butter, Emmentaler, Gouda, Hüttenkäse, Kefir, Milch, Naturjoghurt, Parmesan, Sahne, Quark Eier, Hackfleisch, Hühnchenbrust, Kabeljau, Kalbsschnitzel, Lachs, Lammkarree, Minutensteaks, Rindergulasch, Schmorbraten, Scholle, Steak, Thunfisch, Wildbret
Ca. 1–2 Mal im Monat frisch einkaufen	Äpfel, Birnen, Gemüsezwiebeln, Hefe, Ingwer, Kartoffeln, Mandarinen, Orangen, Sellerie, Schalotten, Süßkartoffeln, Zitronen, Zitronengras
Speisekammer	Aprikosen (getrocknet), Backpflaumen, Backpulver, Buchweizen, Cashewnüsse, Datteln, Dinkel(voll)kornmehl, Dosenthunfisch, Dosentomaten, Essig, Gerstengrütze, getrocknete Bohnen/Erbsen/ Linsen/ Kichererbsen, Haferflocken, Haselnüsse, Kakaopulver (ungesüßt), Koriandersamen, Kurkuma, Mandeln, Muskatnuss, Nudeln, Pekannüsse, Pfeffer, Pflanzenöl (z.B. Rapsöl oder Olivenöl), Polentagrieß, Reis, Rosinen, Semmelbrösel, Tahini, Tomaten (getrocknet), Walnüsse, Weizen(vollkorn)mehl
Tiefkühlfach	Blaubeeren, Brokkoli, dicke Bohnen, Erbsen, Erdbeeren, Hackfleisch, Himbeeren, Kräuter, Mais, Mangowürfel, Porree, Spinat

Welche Nährstoffzusammensetzung braucht mein Baby?

Da können Sie sich bei breifrei schon mal extrem entspannen, denn während es bei der tabellarischen Babybefüllung ziemlich wichtig ist, alles im exakten Verhältnis zu mischen, damit dem Baby nichts passiert, löst sich das Problem beim vom Baby selbst geleiteten Beikost-Style im Prinzip von ganz alleine. Solange Sie eine ausgewogene Familienkost anbieten und weiter nach Bedarf stillen (oder ersatzweise die Flasche geben) holt sich ihr superkluges Baby was es braucht. Mal ist es vielleicht eine ganze Zeit lang ein fleischfressendes Pflänzchen, das sich ein Fleischklößchen nach dem anderen ins Mündchen schiebt, mal kann es gar nicht genug bekommen von Bananen oder isst plötzlich sein Lieblingsbrot gar nicht mehr, sondern mampft stattdessen fröhlich pure Nussbutter. Und sollte Ihnen von dem saisonal, regional, bio, bla, bla irgendwann der Kopf schwirren und Sie haben das Gefühl, dass Sie gar nicht mehr wissen, was Sie kaufen sollen, dann denken Sie daran: Lassen Sie die Kirche im Dorf! Gut ist gut genug und perfekt gibt es sowieso nicht. Essen muss Spaß machen – dem Baby genauso wie Ihnen!

Kohlenhydrate versorgen den Körper zuverlässig und schnell mit Energie und kommen massig vor in Pasta, Brot, Reis, Kartoffeln, Gemüse und Hülsenfrüchten, aber auch genauso in Obst und Milchprodukten. Kohlenhydrate verhindern Verstopfung und sorgen für eine gute Darmtätigkeit.

Fette sind ein hocheffektiver Energielieferant und außerdem für viele wichtige Prozesse im Körper zuständig. Sie stecken natürlich in gepressten Ölen, aber auch in Butter, fettem Fisch, Fleisch oder Milchprodukten.

Eiweiße sind mit der wichtigste Baustoff unseres Körpers: Muskeln und Gehirn werden daraus zusammengesetzt und damit das gut klappt, brauchen wir vielfältige Eiweißlieferanten wie Fleisch, Fisch, Eier, Milchprodukte, Kartoffeln oder Reis.

Mineralstoffe sind mit einer ganzen Armee vertreten – zum Beispiel Eisen, Zink, Magnesium und Kalium, um nur einige zu nennen. Wir finden sie beispielsweise in Fleisch, Linsen, Getreide, Nüssen, Bananen, Hefe oder Kakao.

Vitamine erhalten lebenswichtige Körperfunktionen – wir können Sie zu uns nehmen, in dem wir frisches Obst und Gemüse essen, aber auch Fisch, Bohnen, Getreide, Milch, Vollkornprodukte oder Sauerkraut.

Demeterpastinake & Curry King

Muss es bio sein? Nein, natürlich muss es nicht bio sein; und MUSS auch nicht regional oder saisonal oder überhaupt irgendetwas sein. Mit völlig übertriebenen Ansprüchen, die womöglich in krassem Gegensatz zu dem stehen, was Sie bisher so gegessen haben, tun Sie weder sich noch Ihrem Baby auf Dauer einen Gefallen. Für übertrieben »richtiges« Essen gibt es sogar einen Namen: Orthorexie heißt das dann und bezeichnet Menschen, deren gesamter Lebensinhalt sich nur noch darum dreht, jeden Tag die vorgeschriebenen fünf Portionen Obst und Gemüse aus dem besten Bioanbau der Saison aufzutreiben und schonend zuzubereiten – verschiedenfarbig natürlich und vom Bauern neben an. Das kann einen im deutschen Dezember schon mal uncool stressen. Halten Sie den Ball also flach und geben Sie dem Baby keine stark gesüßten oder gesalzenen Speisen und nach Möglichkeit keine Fertiggerichte, weil sich darin alles mögliche verstecken kann, das man als Laie nicht oder schwer erkennen kann. Wenn Sie das geschafft haben, können Sie, falls Sie möchten, weiter über bio nachdenken. Oder auch nicht.

Bio

Wenn Sie damit liebäugeln, mit der Beikostreife Ihres Babys vermehrt auf Bioprodukte zu setzen, können Sie sich vielleicht zunächst am »Dreckigen Dutzend« und den »15 Saubermännern« orientieren. Und sich dann irgendwann langsam weiter vortasten.

Das Dreckige Dutzend umfasst 12 Obst- und Gemüseprodukte, die anfällig für chemische Rückstände sind, mit denen die Pflanze behandelt wurde:

- Äpfel
- Erdbeeren
- Gurken
- Kartoffeln
- Kirschen
- Nektarinen
- Paprika
- Pfirsiche
- Spinat
- Stangensellerie
- Tomaten
- Weintrauben

Die 15 Saubermänner sind dagegen Obst- und Gemüsesorten, die in der Regel keine oder geringe Rückstände aufweisen:

- Ananas
- Aubergine
- Avocados
- Blumenkohl
- Cantaloupemelone
- Erbsen
- Grapefruit
- Grüner Spargel
- Honigmelone
- Kiwi
- Kohl
- Mais
- Mango
- Papaya
- Zwiebeln

Lokal & Saisonal

Wenn Sie die Gelegenheit haben, Produkte aus Ihrer Nähe zu kaufen, ist das natürlich eine prima Sache, aber machen Sie sich auch damit nicht verrückt. Und »Nähe« heißt nicht nur der Hofladen um die Ecke, sondern zum Beispiel auch Europa: Denn innerhalb der EU werden Lebensmittel und deren Produktionsbedingungen sehr streng kontrolliert und Lebensmittel, die nicht um den halben Globus gekarrt wurden, haben natürlich auch aufgrund ihrer besseren CO2-Bilanz die Nase vorn. Wussten sie zum Beispiel, dass die meisten Dosentomaten aus China kommen, obwohl eine italienische Flagge drauf ist?

Falls Sie sich nach Saisontabellen richten und wirklich nur saisonale Produkte kaufen, ist die Auswahl natürlich hierzulande in den Wintermonaten eher begrenzt. Und vielleicht müssen es tatsächlich nicht gerade Erdbeeren im Dezember sein. Gerade Beeren (siehe immerwährender Einkaufszettel, Seite 55) lassen sich in der Saison bequem und günstig einfrieren.

Wie geht das in unserer Familie?

Ja, breifrei macht anfangs mehr Schweinkram am Essplatz als Brei. Aber: Das dauert je nach Baby maximal ein paar Wochen. Dann passiert ja schon das Wunder: Während seine Altersgenossen erst richtig in den Belöffelungsflow gekommen sind und sich mehr oder weniger brav befüllen lassen, handelt Ihr Baby zuverlässig die meisten Lebensmittel und beginnt bereits sogar mit Besteck und Dippern zu experimentieren. Es ist also eigentlich nicht die Frage, ob Sie die Sauerei ertragen können, sondern nur: Können Sie sie in konzentrierter Form ertragen? Denn irgendwann holt auch ein mit dem Löffel gefüttertes Kind das Experimentieren mit Nahrungsmitteln und das Essen-Üben nach. Das ist dann nicht mehr ganz so heftig, erstreckt sich aber meistens über einen deutlich längeren Zeitraum. Wenn Sie es aber tatsächlich schaffen sollten, jegliche unmittelbare Esserfahrung, die natürlich auch immer einen gewissen Grad an Schmutz produziert, von Ihrem Kind fernzuhalten, und es stattdessen nur im Pekip-Kurs unter Laborbedingungen mit einzucremenden Spiegeln spielen lassen, ist das zwar schon mal besser als nichts, aber eben nicht »the real thing«.

Zum Glück gibt es trotzdem allerlei Möglichkeiten, das Chaos auf ein allseits erträgliches Maß einzudämmen. Und dennoch gibt es vielleicht Tage, wenn das Baby mit den Armen rudert wie eine kleine Windmühle und dabei durch Geschirr und Essen pflügt, als hätte es sich zur Aufgabe gemacht, kein Krümelchen auf dem anderen zu lassen und ja keins davon in den Mund zu befördern. Solche Tage gibt es, aber es sind wenige.

Um zu vermeiden, dass zu viel Essen auf den Boden fällt, geben Sie Ihrem Baby nur sehr kleine Portionen. Ein Brokkoliröschen. Einen Teelöffel Reis. Einen Streifen Huhn. Einen Birnenschnitz.

Besser als im Hochstuhl können Sie Chaos auf Ihrem Schoss eindämmen, weil sie im unmittelbaren Körperkontakt ein deutlich besseres Gefühl für die Bewegungen und die Bedürfnisse des Babys haben.

Damit Sie heruntergefallenes Essen problemlos wieder aufheben können und auch, um den Boden einfach sauber zumachen, können Sie unter den Hochstuhl einen Schutz legen. Manche benutzen einen Duschvorhang, was ich nicht so praktisch finde wie ein größeres Badehandtuch. Das Handtuch können Sie nämlich problemlos nach der Mahlzeit ausschütteln und bei hohen Temperaturen in die Waschmaschine werfen. Außerdem besitzen Sie wahrscheinlich ohnehin mehrere große Handtücher und können einfach ein Frisches nehmen, wenn Ihnen danach ist oder der Verschmutzungsgrad es erfordert.

In Ländern, in denen man traditionell auf dem Boden isst, funktioniert das übrigens am allerbesten – quasi Picknick-Style! Sowie bei sehr traditionellen türkischen Mahlzeiten; dort sitzt man gemütlich am »Yer Sofrasıı« einem ungefähr zwanzig Zentimeter hohen, runden Bodentisch aus Holz. Dieser Tisch ist mobil und wird gern auch mal im Garten aufgebaut. Drauf kommt »Tepsi« ein Speisentablett, von dem sich alle bedienen können. Praktisch und schön, oder? Aber am stinknormalen Tisch geht es natürlich auch. Und keine Sorge: Nur weil Ihr Baby anfangs am liebsten auf Ihrem Schoß isst, wird es beizeiten auf seinen eigenen Stuhl umziehen.

Für Breifrei-Shop-a-holics

Wirklich essenziell, um mit breifrei zu starten, sind eigentlich nur drei Dinge: ein beikostreifes Baby, ein liebevoll begleitender Erwachsener und etwas Leckeres zu essen. Übrigens: Essen shoppen macht fast genauso viel Spaß wie Klamotten shoppen – und gute Nahrungsmittel auch gut zu bezahlen, ist außerdem noch eine wirklich kluge und nachhaltige Konsumentscheidung.

Bummeln Sie doch mal über Wochenmärkte in Ihrer Umgebung oder shoppen Sie sich durch einen schönen Gemüseladen. Bei uns in der Gegend gibt es zum Beispiel auch viele Hofläden, wo man prima stöbern kann und vom Straußenei bis zur Steckrübe eine erstaunlich vielfältige Produktpalette bekommt. Eine prima Idee sind auch Abokisten mit saisonalem Obst und Gemüse, seltener mit Fleisch- und Milchprodukten aus der Region. Da hüpft Ihnen ganz bequem jede Woche eine tolle Auswahl frischer Produkte ins Haus, die Ihren Speiseplan ergänzen und neu inspirieren. Gut für Sie. Gut fürs Baby. Gut für alle.

Dann gibt es einige zusätzliche Dinge, die nicht natürlich nicht unbedingt nötig sind, aber manchen Familien erleichtern sie das praktische Breifrei-Leben, bei anderen Familien haben Sie sich nicht bewährt: Stuhl, Geschirr, Besteck und Tisch in Babyausführung. Dass alle vier Dinge weder für Babys noch für Erwachsene ein Muss darstellen, ist klar, wenn wir uns wieder in Erinnerung rufen, dass all diese Dinge in großen Teilen der Welt völlig unbekannt sind. Aber probieren Sie einfach aus, was Sie brauchen – hier sind einige Entscheidungshilfen:

Stuhl

Ihr Baby kann genauso gut auf ihrem Schoss essen und mindestens für die allererste Zeit ist das auch empfehlenswert. Aber die allermeisten Familien besitzen auch noch einen Hochstuhl. Ein guter Hochstuhl sollte mehrere Einstellmöglichkeiten, eine Fußstütze und einen verstellbaren Sicherungsgurt haben. Selbstverständlich lassen Sie Ihr Kind beim Essen ohnehin nicht alleine und schon gar nicht, wenn es im Hochstuhl sitzt, trotzdem empfehle ich eine Sicherung, damit Sie während des Essens nicht permanent eine Hand am Baby haben müssen. Manche Babys beginnen schon im zweiten Lebenshalbjahr selbstständig und teilweise blitzschnell aus dem Hochstuhl zu klettern, was gefährliche Stürze nach sich ziehen kann. Achten Sie, wenn möglich, auch darauf, dass eine höhen- und eventuell tiefenverstellbare Fußstütze vorhanden ist, damit das Baby sie mit den Füßen auch erreichen kann. Dadurch gewinnt es an Stabilität und kann einfach essen. Manche Babys versinken regelrecht in ihren Stühlen und können das Essen nur schwer greifen. Stellen Sie sich vor, Sie sollten auf einem viel zu tiefen Stuhl essen oder auf einem Barhocker ohne Fußstützen.

Ein verstellbarer Hochstuhl mit eventuellem Zubehör schreckt preislich vielleicht erst einmal ab, allerdings gibt es diese Stühle gebraucht häufig recht günstig und die Investition lohnt sich langfristig, weil Ihr Kind mindestens bis ins Teenageralter auf diesem Stuhl größenangepasst sitzen kann. Und für Besuche bei Oma und Opa reicht dann ja der eigene Schoß oder der Basic-Stuhl aus dem schwedischen Möbelhaus. Eine Fußstütze können Sie einfach improvisieren, indem Sie ein Küchenhandtuch mit zwei Gefrierbeutelclips an den Stuhlbeinen befestigen. Stühle ohne fest angebautes Mini-Tischchen finde ich persönlich kommunikativer für die Familienmahlzeit, sonst sitzt das Kind räumlich ein bisschen abgeschieden. Allerdings hat so ein Tischchen – besonders wenn es auch noch einen kleinen Rand hat – den Vorteil, dass weniger zu Boden geht. Egal, für welches Modell Sie sich entscheiden, kaufen Sie keine Polster oder Textilien dazu. Das lohnt sich nicht. Der Stuhl muss mit einem feuchten Lappen abwischbar sein.

Besteck

Zum Essen können Sie einen Teelöffel und eine nicht allzuspitze Kuchengabel verwenden; sie benötigen im Prinzip kein spezielles Kindergeschirr. Auch Dinkelstangen, Brotstücke und alle anderen länglichen Nahrungsmittel können als Geschirr dienen. Bei diesen essbaren »Dippern« geht es in erster Linie darum, flüssige oder breiige Konsistenzen für das Baby zugänglich zu machen. Bei Besteck geht es zunächst mehr darum, dem Baby einen hübschen Essplatz, wie allen anderen Familienmitgliedern, einzurichten. Und wenn Sie schon früh Löffel und Gabel und vielleicht sogar ein stumpfes Messer bereitlegen und natürlich selbst auch mit Besteck essen, werden sie wahrscheinlich bass erstaunt sein, wie früh Ihr Baby versucht, Sie nachzuahmen.

Abstand halten sollte Sie von Sauguten-silien, die mit einem Polyesternetz oder einer durchlöcherten Silikonhülle und einem Griff angeblich Verschlucken und Sauereien verhindern sollen. Wie bereits beschrieben, ist diese Prävention gegen Verschlucken nicht geeignet. Und was den Sauerei-Faktor betrifft: Vielleicht lässt das Baby das Melonenstück tatsächlich seltener fallen, aber das Üben und damit wiederum die Sauerei kommt ja sowieo irgendwann. Außerdem habe ich bei einigen Kindern gesehen, wie diese Sauggeräte als Schnullersatz benutzt wurden – so ähnlich wie dieser zuckergefüllte Beutel, den Sie vielleicht auch noch aus Max und Moritz kennen.

Geschirr

Die Speisen lassen sich anfangs gut auf einem abwischbaren Platzset, auf dem Tablett des Hochstuhls, auf Ihrem eigenen Teller oder direkt vom Tisch servieren.

Manche Familien nutzen auch spezielle Teller, die mit Saugnäpfen oder einer eingearbeiteten Kunststoffmatte am Tisch haften. Die Haftung ist allerdings begrenzt und hält nicht stand, wenn das Baby gezielt tabula rasa machen möchte. Aber gerade am Anfang ist der Rand eine Hilfe, um widerspenstiges, herumflutschendes Essen besser mit den kleinen Fingerchen einzufangen. Und später, wenn das Kind beginnt, vermehrt Besteck zu benutzen können solche haftenden oder rutschgehemmten Teller, Sets oder Schüsseln eine gute Hilfe sein. Denn gleichzeitig Löffeln und den Teller festhalten ist am Anfang ganz schön kompliziert. Überlegen Sie sich aber gut, wie lange und ob Sie Ihr Kind von unkaputtbarem Geschirr essen lassen. Es mag zwar verlockend sein, wenn der Teller auch beim millionsten Kontakt mit dem Küchenboden immer noch aussieht wie neu, aber Kinder entwickeln schnell ein Gespür für diese »Egal«-Haltung und gehen mit zerbrechlichem Geschirr sehr viel vorsichtiger um. In der hiesigen Krippe für Kinder ab 12 Monaten wird zum Beispiel nur von stabilerem, handgetöpfertem Geschirr gegessen und es geht sehr selten etwas zu Bruch.

Stilles natriumarmes Wasser oder Leitungswasser (andere Flüssigkeiten braucht Ihr Baby nicht) bieten Sie aus einem kleinen Becher, Puppenbecher oder Eierbecher an. Je kleiner, desto einfach ist es für das Baby daraus zu trinken. Für unterwegs funktionieren Flaschen mit etwas weiterer Halsöffnung. Benutzen Sie nie Glasgefäße, die das Baby aus Versehen zerbeißen kann und vermeiden Sie am besten alle Trinklernbecher mit Nippeln, Schnäbeln oder Halmen. Die befriedigen nämlich auch das Saugbedürfnis und ihr Kind trinkt viel zu häufig und über den Durst, was sowohl für den Elektrolythaushalt als auch für die Zahngesundheit kritisch sein kann.

Bedenkenträger: Aber...

... ohne Zähne kann das Baby nicht essen.

Doch, kann es. Es benutzt dazu einfach seine harten Kauleisten, seine Zunge und seine Lippen und seinen Speichel. Und mit diesen Werkzeugen kann es schon eine ganze Menge. Mehr kann es dann später mit den Backenzähnen, aber die kommen ja sowieso meisten erst ziemlich lange nach dem ersten Geburtstag.

... ohne genau abgestimmte Zutaten, bekommt das Baby Mangelerscheinungen.

Nein, denn ein gesundes Baby, das Zugang zu einer gewissen Auswahl an geeigneten Lebensmitteln erhält, nimmt sich das, was es braucht. Wenn es Mangelerscheinungen bekommt, sind die unter diesen Voraussetzungen nicht ernährungsbedingt und die zugrunde liegende Krankheit wird behandelt, zum Beispiel mit Nahrungsergänzungsmitteln, die der Arzt verschreibt.

... ohne genau abgestimmte Mengen, wird das Baby mangelernährt.

Nein, kann ja gar nicht stimmen, denn jedes Baby hat ein anderes Gewicht, einen anderen Appetit und einen anderen Bedarf. Deshalb kann nur das Kind selbst, solange es gesund ist, bestimmen, wie viel es ist. Aus einer ausgewogenen Auswahl Nahrungsmittel natürlich, nicht aus der Bonboniere.

... Beikost mit vier Monaten verhindert Allergien.

Nein, Beikosteinführung unter dem Schutz des Stillens mindert das Risiko für Allergien.

... Babys sollen gefüttert werden, um gleich gute Essmanieren zu lernen.

Nein, natürlich nicht! Babys lernen mit Besteck zu essen, indem sie Besteck benutzen und andere beim Essen mit Besteck beobachten und sicher nicht, indem sie gefüttert werden.

... Breikinder schlafen früher durch.

Nein, schwer verdauliche Nahrung, vor allem wenn sie nicht babygeleitet gefüttert wird, führt zwar zu langsamer Verdauung, vergleichbar mit einem fettem Schweinebraten mit Speckklößen gefolgt von einem großen Topf Sahneeis mit Schokoladensauce für uns Erwachsene, aber dass Babys besser durchschlafen ist ein Gerücht. Allerdings kommt durch einen Verzicht aufs Stillen tatsächlich bei einigen Kindern ein unnatürlicher Tiefschlaf zustande, der nicht der biologischen Norm entspricht und das Risiko für den plötzlichen Säuglingstod erhöht. Auch nicht so toll, oder?

... normales Essen vertragen Babys nicht.

Was ist denn normales Essen? Wenn es Schokolade und Schnaps ist, vertragen Babys das tatsächlich nicht. Aber wenn es eine stinknormale, einigermaßen ausgewogene Familienkost ist, können Babys beinahe alles ganz normal mitessen.

... es ist keine Zeit zum Kochen.

Das ist doof, aber die Zeit muss man sich in einem halben Jahr sowieso nehmen, wenn das Kind nicht dauerhaft von Fertiggerichten ernährt werden soll. Warum also nicht schon sechs Monate früher und so den Grundstein für eine dauerhaft gute Ernährung legen.

... wir essen so ungesund.

Siehe oben: Lieber einige Monate früher etwas ändern, statt nach dem ersten Geburtstag nahtlos zu Mikrowellen-Lasagne und Fruchtzwergen zu wechseln.

... Füttern geht auch.

Klar, geht das. Liegt ganz bei Ihnen. Eine Kernidee von baby-led weaning/breifrei ist allerdings Autonomie über den Griff zum Essen und Autonomie über die Auswahl der Speisen, die auf dem Tisch sind.

... breifrei ist nicht geprüft.

Nein, Brei aber auch nicht. Auch wenn uns das gerne mal Glauben gemacht werden soll, sind Breifütterempfehlungen nichts weiter als sogenannte »Best practice« Erfahrungen: Wer sein Baby so ernährt, wird keinen größeren Schaden anrichten. Und auch bei breifrei besteht kein erhöhtes Risiko für Schäden, wenn man – wie bei Brei auch – die wenigen Eckpfeiler beachtet.

Pimp-Plan

Sie haben sicher bisher auch schon Lieblingsgerichte, die Sie lecker finden und die Sie gerne kochen. Prima! Das sollen Sie unbedingt auch weiterhin tun!

Eine Extrawurst, wenn ab sofort auch fürs Baby gekocht wird, ist dennoch nicht nötig - denn das Schöne an Baby-led Weaning ist ja gerade: wenn man auf ein paar Dinge achtet, muss man eben nichts extra kochen.

Zu salzig fürs Baby. Streichen Sie zusätzliches Salz und verwenden Sie möglichst keine Fertigprodukte. Dann haben Sie das Problem meistens schon sehr gut umschifft. Selbst wenn in Produkten wie Käse oder Wurstwaren Salz enthalten ist, wird Ihr Baby in den ersten Monaten keine großen Mengen davon verputzen. Ansonsten dürfen Sie Ihrem Baby auch mal Speisen wie Parmesan oder etwas Schinken anbieten. Wichtig ist nur, dass es auch immer andere Lebensmittel zur Auswahl hat. Natürlich können Sie Ihren eigenen Teller auch nachsalzen, beachten Sie aber, dass Ihr Baby Sie früher oder später auch darin nachahmen wird.

Zu süß fürs Baby. Hier gilt erstmal ähnliches wie für Salz: Süßen Sie nicht alles nach und vor allem: Verwenden sie keine Fertigprodukte. Gerade Fertigprodukte für Kinder und auch Babys sind häufig wahre Zuckerbomben in freundlicher Verkleidung. Und wenn Sie sich über alles weniger Süße noch eine Riesenladung Zucker streuen, ist das natürlich ok, aber wie beim Salz wird Ihr Kind diese Essgewohnheit von Ihnen annehmen. Bleiben Sie also authentisch, ohne zu sehr zu verkrampfen: Kurz gefasst: Salzen, Süßen, würzen Sie ruhig nach oder machen Sie auch bestimmte Gerichte oder Lebensmittel unzugänglich für Ihr Baby – das ist ok!

Alkohol. Klar: Alkohol ist nichts für Kinder und schon gar nichts für Babys. Aber natürlich müssen Sie nicht auf Wein verzichten, bloß weil das Baby nicht daran nippen darf. Wenn Sie allerdings nicht damit leben können, dass Ihr Baby als Erwachsener auch gerne mal einen Schluck Wein trinkt, dann verzichten Sie besser doch komplett auf den Wein. Rechnen Sie damit, dass Ihr Baby sich sein Essverhalten langfristig durch Vorbild aneignet. Nicht ganz so offensichtlich verhält sich die Sache mit Alkohol als Zutat in Soßen oder ähnlichem. Entgegen der verbreiteten Meinung verfliegt der Alkohol beim Kochen nämlich nicht vollständig. Ersetzen Sie also zum Beispiel den Rotwein in der Bolognese durch Traubensaft oder sauren Traubensirup. Nicht ersetzen sollten sie durch sogenannte »alkoholfreie« Biere oder Weine, denn sie erhalten teilweise immer noch eine gewisse Rest-Alkoholmenge des herkömmlichen Produktes.

Fix-Tüten und Co. Vielleicht haben Sie das ein oder andere Gericht, das Sie normalerweise mit Hilfe von Fertigpulver-Tüten oder Gewürzmischungen machen. Solche Gerichte sind für Babys noch weniger geeignet als für erwachsene Esser – auch wenn Werbeversprechen wie »natürlich« drauf stehen. Statt Gewürzpülverchen mit seltsamen Zusatzstoffen, können Sie zum Beispiel frische Kräuter verwenden. Auch Zitronengras, Knoblauch und Ingwer sind tolle Geschmacksverfeinerer. Bei allen anderen Gewürzen achten Sie auf hochwertige Produkte ohne Schickimicki und verwenden Sie im Zweifelsfall sparsam.

Fertigfrass only. Es gibt Produkte, die macht kaum jemand selbst. Schoko-Nuss-Aufstrich zum Beispiel oder Ketchup. Im Rezeptteil finden Sie von diesen beiden Lebensmitteln auch Selbstmachvarianten, aber es gibt sicher noch einiges mehr, was Sie normalerweise immer fertig kaufen und was so nicht unbedingt babytauglich ist. Was Sie nicht selber machen können oder wollen lassen Sie einfach weg. Wenn es eine sehr hohe Zahl an Dingen gibt, die Sie unbedingt als Fast und Convenience Variante brauchen, sollten Sie aber generell abrüsten und Ihren Speiseplan überdenken. Wer keinen Ketchup selber machen will oder wem der selbstgemachte wirklich nicht schmeckt, der kann statt Ketchup auch ganz andere Wege gehen und die Pommes Frites in Sour Cream tunken. Oder das Brot statt mit Nuss-Nougat-Creme mit einem komplett anderen Aufstrich wie Marmelade versehen, wenn der selbstgemachte einfach der Zunge nicht genug schmeicheln will. Und wenn es nicht ohne Curry-Ketchup geht: Guten Appetit! Geben Sie dem Baby eben etwas anderes, aber brechen Sie nicht in Tränen aus, wenn es in zwei Jahren auch am liebsten Curry-Ketchup speist.

Mystery-Meat und Co. Wenn Sie irgendwo eingeladen sind und nicht sicher sind, was da auf dem Tisch steht oder wenn sie ein Etikett nicht richtig interpretieren können, folgen Sie am besten Ihrem Gefühl. Falls Sie sich das nicht zutrauen, können Sie für akute Rätselfälle einfach einen Not-Snack einpacken. Das fällt sowieso nicht auf, so sehr sind die meisten Leute daran gewöhnt, dass spezielles Essen für Kinder überallhin mitgebracht wird.

Und bist du nicht willig, so brauch ich ... den Brei?

Sie finden dieses »breifrei« auf jeden Fall irgendwie interessant – sonst würden Sie kaum dieses Buch lesen. Aber vielleicht haben Sie nach der Lektüre oder den ersten Praxis-Versuchen entschieden: Danke, aber: Nein, danke, für uns ist breifrei einfach nix! Oder haben Sie doch mal das Füttern versucht und nun ein Baby zuhause, dass sich gerne belöffeln lässt.

Oder vielleicht ernähren Sie sich zuhause tatsächlich ausschließlich von Chips und Fanta, vielleicht macht Ihnen ein beschmutzter Küchenboden Albträume oder vielleicht sind Sie noch nie gerne gegen den Strom geschwommen und buchstäblich ALLE ihre Freunde füttern Brei. Oder breifrei passt aus irgendeinem anderen Grund einfach nicht zu Ihnen passt. Und natürlich ist das völlig ok!

Ich bin nicht die Breifrei-Politesse die Knöllchen an die verteilt, die nicht systemtreu genug sind. Im Gegenteil: Ich möchte Ihnen so gut es geht helfen, wenn Sie sich für den Fütterweg in die Beikost entscheiden. Falls Sie also das Füttern an Ihrem Baby austesten, kann es tatsächlich sein, dass es total auf das Gefüttertwerden abfährt. Das ist einfach extrem unterschiedlich. Sicher können Sie auf jeden Fall sein, dass es ein Breifreibaby wird, wenn Sie Löffelfüttern gar nicht erst probieren. Welche potentiellen Nachteile Löffelfüttern hat, habe ich ja bereits ausführlich dargelegt, Tatsache ist aber auch: Wenn Ihr Kind mit Begeisterung vom Löffel isst, sind diese Nachteile meistens nicht wirklich relevant.

Die wirklich fatalen Probleme entstehen eigentlich erst, wenn Ihr Baby sich weder freudig mit dem Löffel füttern lässt, noch die dargebotenen Häppchen selbst isst. Wenn also »breifrei« Ihre letzte Möglichkeit war, einen vermeintlich »schlechten Esser« zur Beikost zu bekehren, geht das häufig schief. Der Grund ist meistens schlicht: Ihr Baby benötigt noch keine oder nur homöopathische Mengen Nahrung; es kann und muss nicht mehr essen – warten Sie ab!

Aus welchen Gründen auch immer Sie sich also zum Löffelfüttern entscheiden, beachten Sie, dass Sie niemals (niemals!) den Löffel aktiv in den Babymund schieben. Das Baby soll Ihnen in der Bewegung immer auch zumindest ein wenig aktiv entgegen kommen. Sie brauchen keine speziellen »Baby-Fütterlöffel«. Im Gegenteil, diese Löffel sind häufig besonders klein, schmal und weich mit langem Griff und deshalb in ihrer Bauart darauf angelegt, das Baby und seine Fähigkeit zur perfekten Selbstregulation in die Irre zu führen. Die kleine, schmale Spitze soll es erlauben, den Löffel besonders tief in den Mundraum einzuführen, sodass der Zungenstoßreflex und andere wichtige Schutzmeachnismen ausgehebelt werden und das Kind die Nahrung herunterschluckt, obwohl es sie von einem breiteren Löffel, der ihm vor den Mund oder höchstens an die Lippen gehalten wird, nicht gegessen hätte.

Die relative Weichheit des Löffels soll eine Brustwarze oder einen Trinknippel nachahmen und damit eine saugende Schluckbewegung ähnlich der Aufnahme von Milchnahrung auslösen. Abgesehen von der nachteiligen Wirkung auf den Kiefer und die feine Mundmuskulatur ist auch diese Veräppelungsmasche bei einem gesunden, beikostreifen Baby nicht notwendig. Babys, die über diese Saugtechnik sehr fein Püriertes zuverlässig vom Speziallöffel essen, tun sich verständlicherweise häufig schwer, weniger stark pürierte Nahrung aufzunehmen: Sie verschlucken sich daran häufig und noch sehr lange, manchmal bis weit ins dritte Lebensjahr hinein, weil Sie nie gelernt haben, die Nahrung mit der Zunge im Mund hin und herzuschieben und ihre Kauleisten oder Zähne zu benutzen. Vermeiden Sie es ebenso, das Herausgeschobene oder Danebengegangene mit dem Löffel von außen abzuwischen. Durch die ständige Berührung der äußeren Mundregion desensibilisieren Sie diesen Bereich. Tupfen Sie einfach am Ende einer Mahlzeit einmal vorsichtig das Mündchen ab, statt ständig mit dem Löffel am Mund herum zu werkeln. Wenn Sie sich nicht ganz sicher sind, ob Sie wirklich achtsam und möglichst babygeleitet mit dem Löffel füttern, nehmen Sie eine Mahlzeit mit Ihrer Handykamera auf und sehen Sie sich den Mitschnitt mit etwas Abstand in Ruhe an. Oft unterscheidet sich unsere Wahrnehmung der Situation deutlich von der Wirklichkeit. Um ein Gefühl für das Gefüttertwerden zu entwicklen, füttern Sie sich gegenseitig mit Ihrem Partner. Sie werden schnell merken, was beim Füttern gut tut und was weniger: Auch Sie schätzen Ruhe, Liebe und Zeit beim Essen – und für Ihr Baby gilt das in noch viel stärkerem Maße.

Zu den Rezepten

In den meisten meiner Rezepten finden Sie Labels wie »einhändig essbar« oder »aus Vorräten«. Was es damit auf sich hat? Ganz einfach:

Einhändig essbar Statt im Hochstuhl sitzt Ihr Baby lieber bei Ihnen? Damit Sie nicht zusehen müssen, wie Ihr Filet Mignon von zarter Versuchung zu zäher Mittelmäßigkeit einschrumpelt, gibt es hier Rezepte, die auch einhändig essbar sind.

Einhändig kochbar Sie möchten kochen. Ihr Baby möchte auf den Arm. Die Lösung: Einhändig kochbare Rezepte. Die Alternative: Baby in der Trage auf dem Rücken verstauen.

Aus Vorräten Ihr Baby schläft endlich? Draußen ist Glatteis oder das Auto in der Werkstatt? Kein Problem: Rezepte »aus Vorräten« bereiten Sie einfach aus dem zu, was ihre Speisekammer noch zu bieten hat. Schauen Sie auch auf den immerwährenden Einkaufszettel auf Seite 55, um immer gut gerüstet zu sein.

Die Rezepte

Nun geht's endlich los –
hier kommen meine breifrei-Rezepte!

FRÜHSTÜCK

Schnelle Birnen-Marmelade

Für 1 Glas (ca. 400 g) • aus Vorräten, einhändig essbar

25 Min.

400 g reife Birnen • 50 ml Wasser • 15 g Agar-Agar (ein Beutel)

- Die Birnen waschen, in Viertel schneiden, das Kerngehäuse und den Stiel der Birnen entfernen, grob zerkleinern. Schälen ist unnötig! Die Birnen in einem kleinen Topf mit 50 ml Wasser mischen und 10 Min. köcheln lassen.

- Die Birnenmasse mit einem Schneidstab fein pürieren. Mit Agar-Agar vermischen und noch einmal mindestens 10 Min. köcheln lassen und in ein sauberes, verschließbares Glas füllen. Nachdem Abkühlen eventuell ein zweites Mal im Glas durcherhitzen, wenn der Aufstrich nicht gleich verbraucht werden soll.

Dinkelstangen

Für 1 Brot • aus Vorräten, einhändig essbar
20 Min. + 3 Std. Ruhe- und Backzeit

- 250 g Dinkelmehl
- 250 g Dinkelvollkornmehl
- 1 Würfel frische Hefe oder 1 Päckchen Trockenhefe
- 1 EL Zucker
- 200 ml warmes Wasser
- 100 ml Olivenöl

● Die Mehlsorten in eine Schüssel geben und in die Mitte eine Mulde drücken, Die Hefe zerbröckeln und zusammen mit dem Zucker in 100 ml warmem Wasser unter Rühren auflösen und in die Mulde hineingießen. 15 Minuten warten. Restliches Wasser und das Öl dazugeben und so lange verkneten, bis ein elastischer Teig entsteht. Den Teig mit einem feuchten Tuch abdecken und an einem warmen Ort etwa 2 Stunden gehen lassen.

● Den Teig noch einmal durchkneten und zu einem länglichen Laib formen. Auf einem Backblech nochmals etwa 20 Min. gehen lassen, Das Ciabatta im vorgeheizten Ofen bei 210°C Ober-/Unterhitze (190°C Umluft) 45 Min. backen. Herausnehmen und auskühlen lassen.

Nurella

Für 1 Glas (ca. 250 g) • aus Vorräten
40 Min.

200 g Haselnusskerne • 50 g geschälte Mandeln • 3 EL Rapsöl • 3 EL ungesüßtes Kakaopulver • Zucker nach Geschmack oder gar nicht

- Den Backofen auf 200°C Ober-/Unterhitze (180°C Umluft) vorheizen. Die Haselnüsse auf ein Backblech geben und im Ofen leicht anrösten, bis sie leicht bräunen und zu duften beginnen. Auf ein Küchenhandtuch legen und vorsichtig darüber rubbeln, sodass sich die bittere Nusshaut löst.

- Die Haselnüsse zusammen mit den Mandeln, dem Rapsöl und dem Kakaopulver in einer Küchenmaschine zu einer weichen, streichfähigen Masse verarbeiten. Zucker nach Geschmack dazugeben. Die Masse schmeckt durch das Nussaroma auch sehr gut ganz ohne Extrazucker. In ein Glas füllen und verschließen.

Hummus

Für 4–6 Portionen • aus Vorräten, einhändig essbar
15 Min.

1 Dose Kichererbsen (400 g Füllmenge) • 1 Bund Petersilie • 1 Knoblauchzehe • 3 EL Tahinipaste • Saft von 1 Zitrone • 4 EL Olivenöl

- Die Kichererbsen auf ein Sieb geben, mit kaltem Wasser abspülen und abtropfen lassen. Die Petersilie waschen, trocken tupfen und die Blättchen abzupfen. Den Knoblauch schälen. Die Kichererbsen, die Petersilie und den Knoblauch in einen Standmixer geben. Die Tahinipaste, den Zitronensaft und das Öl dazugeben und alles zu einer cremigen Masse pürieren.

Variante: Anstelle von Kichererbsen aus der Dose eignen sich auch getrocknete Kichererbsen. Dafür 200 g Hülsenfrüchte über Nacht in kaltem Wasser einweichen. Dann das Wasser abgießen und die Kichererbsen in Wasser etwa 1 ½ Stunden kochen.

Erdnussbutter

Für 4–6 Portionen • aus Vorräten, einhändig essbar, einhändig kochbar
10 Min.

200 g geröstete, ungesalzene Erdnüsse • 2 EL Erdnussöl

- Die Erdnüsse im Standmixer sehr fein mahlen und etwa 2 EL Erdnussöl dazugeben, um eine cremige Konsistenz zu erreichen. Die Erdnussbutter ist auch ohne zusätzlichen Zucker und Salz ein leckerer Brotaufstrich.

Apfeltaschen

Für 6 Stück • einhändig essbar
40 Min. + 1 ¾ Std. Ruhe- und Backzeit

150 g Mehl • 60–70 ml kaltes Wasser • 2 EL Rapsöl • 3–4 süße Äpfel

- Das Mehl, das Wasser und das Rapsöl in eine Schüssel geben und sehr sorgfältig verkneten, bis ein glatter und elastischer Teig entsteht. In sechs gleichgroße Kugeln teilen und abgedeckt mit einem feuchten Tuch etwa 1 Stunde ruhen lassen.

- Den Backofen auf 180°C Ober-/Unterhitze (160°C Umluft) vorheizen. Die Äpfel schälen, vierteln, entkernen und in Würfel schneiden. Die Teigkugeln auf leicht bemehlter Arbeitsfläche dünn (etwa 30 cm groß) ausrollen. Jeweils ⅙ der Apfelstücke darauf verteilen und den Teig darüber einschlagen.

- Die Apfeltaschen auf ein mit Backpapier belegtes Backblech legen und im Ofen 30 Min. backen.

» Apfeltaschen

Französische Crêpes

Für 8 Stück • aus Vorräten, einhändig essbar
20 Min.

- 150 g Mehl
- 2 Eier
- 3/8 l Milch
- eventuell 1 Messerspitze Vanillemark
- 1 EL geschmolzene Butter
- 1 TL Öl

● Das Mehl, die Eier, die Milch und eventuell Vanillemark in eine Schüssel geben und zu einem flüssigen Teig verrühren. Die geschmolzene Butter unterrühren.

● Eine beschichtete Pfanne auf mittlerer Hitze erwärmen. Das Öl auf ein Stück Küchenpapier geben und die Pfanne damit auswischen. Nacheinander Crêpes backen. Dafür jeweils etwa 3 Esslöffel Teig in die Mitte der Pfanne geben und durch Kippen der Pfanne in verschiedene Richtungen auseinanderlaufen lassen. Dann den Crêpes etwa 2 Min. backen, vorsichtig wenden und von der anderen Seite fertig backen. Auf einen Teller stürzen.

Tipp Die fertigen Crêpes schmecken pur oder gefüllt mit Apfelmus, Beeren, Avocado, gebratenem Hühnchen oder auch Fisch.

Guacamole

Für 3–4 Portionen • einhändig essbar
20 Min.

1 Fleischtomate • 2 reife Avocados • 1 Limette

- Die Fleischtomate mit kochendem Wasser überbrühen und die Haut abziehen. Die Tomate halbieren, den Stielansatz herausschneiden und die Kerne entfernen. Das Fruchtfleisch fein würfeln.

- Die Avocados schälen, halbieren, den Kern entfernen und das Fruchtfleisch mit einer Gabel zerdrücken. Den Limettensaft und die Tomatenwürfel untermischen.

Tipp Die Guacamole schmeckt toll als Dip zum Beispiel zu gebratenem Hähnchenfleisch oder als Brotaufstrich. Wer mag, würzt die Avocadocreme noch mit etwas Chili.

Linsen-Fava

Für 3–4 Portionen • aus Vorräten, einhändig essbar
40 Min.

150 g grüne Linsen • 1 Zwiebel • 1 Möhre • 3 EL Olivenöl • 100 g griechischer Joghurt

- Die Linsen nach Packungsanweisung in Wasser kochen. Die Linsen in einem Sieb abgießen und abtropfen lassen.

- Die Zwiebel abziehen und in feine Würfel schneiden. Die Möhre putzen und ebenfalls würfeln. 1 EL Öl in einer Pfanne erhitzen und die Zwiebel darin andünsten. Die Möhre dazugeben und etwa 5 Min. dünsten, bis die Möhren gar sind.

- Das Gemüse, die Linsen und den Joghurt in einen Standmixer geben. Das restliche Öl hinzugeben und alles fein pürieren.

Tipp Linsen-Fava ist ein typisches Gericht der kretischen Küche. Es schmeckt besonders lecker als Dip oder Brotaufstrich.

Ananas-Käse-Aufstrich

Für 3 Portionen • einhändig essbar
10 Min.

50 g Cheddarkäse • 50 g Hüttenkäse • 1–2 Scheiben frisches Ananasfruchtfleisch

- Den Cheddarkäse reiben und in eine Schüssel geben. Den Hüttenkäse dazugeben und unterrühren. Die Ananas in sehr kleine Stücke schneiden und mit der Gabel untermischen.

Das passt dazu: Dieser Aufstrich schmeckt prima auf dem Süßkartoffeltoast (Seite 120).

Tipp Anstelle der frischen Ananas kann der Aufstrich beispielsweise auch mit Erdbeeren, Mango oder Melone zubereitet werden.

Schnittlauch-Omelette

Für 2 Portionen • aus Vorräten, einhändig essbar
15 Min.

4 Eier • 1 Schuss Milch • 1 Stückchen Butter • 3 EL frischer oder tiefgefrorener, fein gehackter Schnittlauch

- Die Eier nacheinander in eine Schüssel aufschlagen. Die Milch dazugeben und mit einem Handmixer oder einem Schneebesen kräftig aufschlagen.

- Die Butter in einer beschichteten Pfanne zerlassen und die Hälfte der Masse dazugeben und mit Schnittlauch bestreuen. Einige Minuten braten und wenden, sodass das Omelett von beiden Seiten goldbraun ist. Dann das zweite Omelett zubereiten.

Tipp Wer das Omelette besonders luftig mag, schlägt zuerst das Eiweiß steif. Dann die Eigelbe mit der Milch verquirlen und nun den Eischnee unterheben.

Gerstengrütze

Für 3–4 Portionen • aus Vorräten, einhändig essbar
75 Min.

- 80 g Rosinen
- ½ l Milch
- 80 g Gerstengrütze
- 3 süße Äpfel
- 100 g Butter
- 1 TL Zimt
- 50 g Sahne

- Die Rosinen etwas klein hacken und in der Milch 1 Stunde einweichen.

- In der Zwischenzeit die Äpfel schälen, vierteln und jeweils das Kerngehäuse entfernen. Die Äpfel in Würfel schneiden.

- Die Milch kurz aufkochen, dann weiterköcheln lassen und die Gerstengrütze unterrühren. Die Äpfel dazugeben, den Topf vom Herd nehmen und die Grütze fest werden lassen. Die Butter einrühren. Zimt und Sahne mischen und darüber geben.

Overnight-Oats

Für 3 Portionen • aus Vorräten, einhändig essbar, einhändig kochbar
5 Min.

100 g Haferflocken • ¼ l Milch • 1 Handvoll Blaubeeren

● Die Haferflocken und die Milch mischen und in drei Becher aufteilen. Die Blaubeeren waschen, trocken tupfen, darauf verteilen und über Nacht (oder mehrere Stunden) im Kühlschrank durchziehen lassen.

Tipp Am Abend vorbereiten und am nächsten Morgen ein leckeres und gesundes Frühstück aus dem Kühlschrank zaubern. In einem festschließende Becker auch prima für unterwegs geeignet.

Kokosriegel

Für 3–4 Portionen • aus Vorräten, einhändig essbar, einhändig kochbar
5 Min.

1 Tasse Kokosmilch • 1 Tasse Haferflocken

● Die Kokosmilch und die Haferlocken in einer Schüssel mischen und etwa 15 Min. quellen lassen.

● Den Backofen auf 150°C Ober-/Unterhitze (130°C Umluft) vorheizen. Die Haferflockenmasse in eine flache, ofenfeste Form geben, sodass die Masse etwa 1 bis 2 cm hoch ist. Im Ofen 45 Min. backen. Herausnehmen und gänzlich abkühlen lassen. Dann aus der Form lösen und in Riegelform schneiden.

Tipp Für die Zubereitung eignen sich auch prima Muttermilch und andere Flüssigkeiten. Übrigens, je trockener die Masse wird, desto stabiler sind die Riegel.

HAUPTGERICHTE

Zitronengras-Hühnchen-Spieße

Für 3–4 Portionen • einhändig essbar
25 Min. + 1 Std. Marinerzeit

ca. 300 g Hühnchenbrustfilet • 3 EL glatte Erdnussbutter ohne Salz und Zuckerzusatz • 2 TL Essig • 5–6 Zitronengras-Stiele • 1–2 EL Öl zum Braten

- Das Hühnchenbrustfilet waschen, trocken tupfen und in etwa 3 bis 4 cm große Würfel schneiden. Die Erdnussbutter und den Essig verrühren und in einen Gefrierbeutel geben. Die Hühnchenstücke dazugeben, den Beutel verschließen und das Fleisch darin mindestens 1 Stunde marinieren.

- Das Fleisch herausnehmen und auf das Zitronengras spießen, dazu mit einem dicken Schaschlikspieß oder einer Spicknadel vorher durchstechen. Die Spieße im heißen Öl unter Wenden etwa 10 Min. durchbraten oder grillen.

Gnocchi mit Salbeibutter

Für 3–4 Portionen • aus Vorräten, einhändig essbar

75 Min.

Für die Gnocchi:

- 500 g mehlig kochende Kartoffeln
- 1 kleines Ei
- ca. 100 g Weizenmehl

Für die Salbeibutter:

- 1 Schalotte
- 1 Handvoll frische Salbeiblätter
- 250 g Butter

● Für die Gnocchi die Kartoffeln waschen und mit Schale gar kochen. Abgießen, abdämpfen und pellen. Die Kartoffeln mit einem Kartoffelstampfer vorsichtig und gleichmäßig zerdrücken. Abkühlen lassen.

● Das Ei und das Mehl vorsichtig unter die Kartoffelmasse mischen, dabei aber nicht zu stark bearbeiten. Eventuell noch etwas Mehl dazugeben, bis der Teig locker ist. Auf einer bemehlten Arbeitsfläche mit gut bemehlten Händen den Teig achteln und zu 2 cm dicken Rollen formen. Dann in gut 1 cm breite Stücke schneiden und mit etwas Mehl bestäuben.

● In einem großen Topf mit kochendem Wasser solange kochen, bis die Gnocchi an der Oberfläche steigen (das dauert ca. 2 Min.). Sofort mit einer Schaumkelle herausheben und abtropfen lassen.

● Für die Salbeibutter die Schalotte abziehen und fein würfeln. Die Salbeiblätter fein schneiden. Die Butter in einer Pfanne erhitzen, die Schalotte und den Salbei darin schwenken. Die Butter mit den Gnocchi servieren.

Tipp Rohe Gnocchi können prima in größerer Menge vorbereitet und eingefroren werden. Dazu bitte auf einem flachen Teller vorfrieren, damit die Gnocchi nicht zusammenkleben.

Wilder Wok

Für 3–4 Portionen • einhändig essbar
25 Min.

300 g Rinderfilet • 1 kleiner Brokkoli • 1 rote Paprikaschote • 1 Bund Frühlingszwiebeln • 3 EL Sesamöl

- Das Rinderfilet waschen, trocken tupfen und in dünne Streifen schneiden. Den Brokkoli putzen, waschen und in Röschen teilen. Die Paprikaschote putzen, waschen und in Streifen schneiden. Die Frühlingszwiebeln putzen, waschen und in Ringe schneiden.

- Das Sesamöl in einer großen Pfanne oder in einem Wok stark erhitzen und das Rindfleisch darin etwa 1 Minute anbraten. Herausnehmen. Das Gemüse in das Bratfett hineingeben und bei starker Hitze 5 bis 6 Min. darin braten. Das Fleisch zugeben und kurz untermischen.

Das passt dazu: Am besten mit Reis servieren.

Hühnchen-Nuggets

Für 4 Portionen • einhändig essbar
40 Min.

3 Hühnchenbrustfilets • 2 Eier • 100 g Semmelbrösel • 100 g geriebener Parmesan • eventuell etwas Rapsöl

- Den Backofen auf 180°C Ober-/Unterhitze (160°C Umluft) vorheizen. Ein Backblech mit Backpapier belegen.

- Die Hühnchenbrustfilets waschen, trocken tupfen und in nuggetgroße (mundgerechte) Stücke schneiden. Die Eier in einem Teller aufschlagen und mit der Gabel verrühren. Die Semmelbrösel und den Parmesan auf einem zweiten Teller mischen. Das Fleisch erst im Ei, dann im Parmesan-Semmelbröselgemisch wenden. Auf das Backblech legen und im Ofen etwa 30 Min. backen. Eventuell vor dem Backen mit etwas Rapsöl besprenkeln.

Tipp Die Panade eignet sich auch für andere Fleischsorten oder Gemüsearten wie Zucchini, Aubergine oder Champignons.

Zucchini-Pizza

Für 4 Portionen • einhändig essbar
1 Std.

Für den Teig: 500 g Weizenvollkornmehl • ¼ l lauwarmes Wasser • 1 Pck. Trockenhefe • 1 Prise Salz • 1 Prise Zucker
Für den Belag: 3 Knoblauchzehen • 3 Schalotten • 1 EL Öl • 1 Dose Tomaten (ca. 400 g) • 1 Prise Salz • 1 mittelgroße Zucchini • 200 g geriebener Gouda

- Für den Teig Mehl, Hefe, Salz und Zucker mischen. Das Wasser dazugießen und alles verkneten. Eine Kugel daraus formen und abgedeckt an einem warmen Ort etwa 30 Min. gehen lassen.

- Für den Belag die Knoblauchzehen und die Schalotten abziehen, fein würfeln und im heißen Öl andünsten. Die Tomaten dazugeben und etwa 20 Min. einkochen lassen. Mit Salz würzen. Die Zucchini putzen, waschen und in hauchdünne Scheiben schneiden.

- Den Backofen mit Blech auf 250°C Ober-/Unterhitze (230°C Umluft) vorheizen. Den Teig noch einmal durchkneten und in vier gleich große Portionen teilen. Jeweils hauchdünn und kreisförmig auf Backpapier ausrollen. Mit etwas Tomatensauce bestreichen und mit den Zucchinischeiben belegen. Mit etwas Käse bestreuen und etwa 7 Min. backen.

Chili con Carne

Für 3–4 Portionen • einhändig essbar
50 Min.

1 Bund Frühlingszwiebeln • 1 milde Chilischote oder Paprika • 1 EL Öl • 200 g Rinderhack • 1 Dose pure, stückige Tomaten (ca. 400g) • 100 g eingeweichte und getrocknete schwarze Bohnen oder 250 g abgetropft aus der Dose • 50 g Crème fraîche

- Die Frühlingszwiebeln putzen, waschen und in Ringe schneiden. Die Chilischote oder Paprika putzen, waschen und sehr fein hacken. Das Öl in einem Topf erhitzen und das Rinderhack darin krümelig anbraten. Die Frühlingszwiebeln und die Chilischote dazugeben und kurz mitbraten. Die Tomaten und die abgetropften Bohnen hinzufügen und etwa 30 Min. bei sehr kleiner Hitze nicht mehr kochend ziehen lassen.

- Das Chili con Carne mit einem kleinen Klacks Crème fraîche servieren und dazu Reis oder Brot reichen.

» Zucchini-Pizza

Zucchini-Boote

Für 3–4 Portionen
1 Std.

- 1 große Fleischtomate
- 1 Schalotte
- 1 Scheibe Kochschinken
- 1 kleine Handvoll frisches Basilikum
- 1 Packung Frischkäse
- ½ TL getrockneter Oregano
- etwas Pfeffer
- 3 mittelgroße Zucchini

● Die Fleischtomate mit kochendem Wasser überbrühen und häuten. Die Tomate halbieren, den Stielansatz herausschneiden und in Würfel schneiden. Die Schalotte abziehen und fein würfeln. Den Schinken ebenfalls würfeln. Das Basilikum waschen, trocken tupfen und die Blättchen fein hacken. Die vorbereiteten Zutaten mit dem Frischkäse und den Gewürzen mischen.

● Den Backofen auf 180°C Ober-/Unterhitze (160°C Umluft) vorheizen. Die Zucchini putzen, waschen und der Länge nach halbieren. Das Innere mit dem Löffel vorsichtig herausschaben und die Füllung hineingeben. Die Zucchinihälften in eine große Auflaufform oder auf das Backblech setzen und im Ofen 20 bis 30 Min. garen. Bei sehr großen Zucchini eventuell vorher einige Minuten in kochendem Wasser vorgaren.

Tipp Sollte von der Füllung noch etwas übrig bleiben, schmeckt sie auch als Brotaufstrich.

Blumenkohl-Plätzchen

Für 3–4 Portionen • einhändig essbar
30 Min.

200 g Lauch • ca 250 g Blumenkohlröschen • etwas Salz • ½ EL Speisestärke • 2 Eier • 150 g geriebener Gouda • 1 Prise Muskatnuss • etwas weißer Pfeffer • ca. 100 g Semmelbrösel • 2 EL Öl

- Den Lauch putzen, waschen und in dünne Ringe schneiden, Die Blumenkohlröschen und den Lauch in wenig Salzwasser weichkochen. Das Gemüse in ein Sieb abgießen, gut abtropfen lassen, in eine Schüssel geben und mit einem Stampfer zerdrücken.

- Die Speisestärke in 1 EL kaltem Wasser anrühren. Die Eier verquirlen. Speisestärke, Eier, Käse, Muskatnuss und Pfeffer zum Gemüse geben und gut vermengen. Aus der Masse mit angefeuchteten Händen etwa 12 Taler formen, in Semmelbröseln wenden und in einer beschichteten Pfanne im heißen Öl von beiden Seiten 5 bis 10 Min. knusprig braten.

Couscous-Gemüse-Bratlinge

Für 3–4 Portionen • einhändig essbar
45 Min.

200 g Couscous • 300 ml Wasser • 1 Prise Salz • 250 g Brokkoli • 100 g geriebener Emmentaler • 2 EL Olivenöl • etwas Pfeffer

- Den Couscous in eine Schüssel geben, mit dem kochendem Wasser übergießen, 1 Prise Salz dazugeben umrühren und so lange quellen lassen, bis die Flüssigekeit aufgesogen ist. Den Brokkoli putzen, waschen und in Röschen teilen. Das Gemüse in etwas Wasser etwa 15 Min. weichkochen.

- Den Brokkoli abgießen und mit dem Käse zum Couscous geben. Alles mit einer Gabel vermischen, die Brokkoli Röschen zerfallen dabei. Das Olivenöl und Pfeffer nach Geschmack dazugeben. Aus der Masse mit angefeuchteten Händen etwa 12 flache Bratlinge formen und vorsichtig von beiden Seiten 5 bis 10 Min. goldbraun braten (Ungeübte verwenden eine beschichtete Pfanne).

Hamburger

Für 4 Portionen
30 Min.

400 g Rinderhack • 1 Bund Petersilie • 1 EL Olivenöl • 1 Fleischtomate • 4 EL Mayonnaise • 1 EL Senf • 1 EL Tomatenmark • 4 Vollkornbrötchen

● Das Hackfleisch in eine Schüssel geben. Die Petersilie waschen, trocken tupfen, die Blättchen abzupfen, sehr fein hacken und mit dem Hackfleisch vermengen. Aus dem Fleisch 4 gleichgroße flache Fladen formen. Das Öl In einer Pfanne erhitzen und die Frikadellen bei mittlerer Hitze etwa 4 Min. von jeder Seite braten, bis sie gut durchgegart sind.

● Tomate waschen und in dünne Scheiben schneiden. Die Mayonnaise, den Senf und das Tomatenmark verrühren. Die Brötchen halbieren, auf die Unterteile einen Klecks Sauce geben und mit Tomatenscheiben und Fleischburgern belegen. Das Oberteil darauflegen.

Tipp Wer gleichmäßige kreisrunde Burger mag, kann einen weiten Deckel (z. B. von einem großen Rotkohlglas) benutzen und ein Stück Frischhaltefolie darüberziehen. Das Hackfleisch gleichmäßig hineindrücken und anschließend vorsichtig mit Hilfe der Frischhaltefolie herauslösen.

Lachs-Bouyourdi

Für 2–3 Portionen
40 Min.

2 Lachsfilets (ohne Haut) • 200 g Schafskäse • 1 Handvoll Cherrytomaten • 3 EL Olivenöl • 1 Zweig Thymian

● Den Backofen auf 200°C Ober-/Unterhitze (180°C Umluft) vorheizen. Die Lachsfilets waschen und trocken tupfen. Die Cherrytomaten waschen und halbieren. Den Schafskäse in Würfel schneiden.

● Zwei Stück starke Alufolie (etwa DIN-A 4 oder größer) zu flachen Schalen formen und den Boden mit ein paar Tropfen Olivenöl benetzen und jeweils ein Stück Lachsfilet darauflegen. Die Tomaten und den Käse auf dem Fisch verteilen. Je einen halben Thymianzweig (wird später nicht mitgegessen) dazulegen und mit je 1 EL Olivenöl beträufeln. Die Alufolie jeweils oben zusammendrücken und verschließen, sodass zwei Päckchen entstehen. Auf ein Backblech legen und im Ofen etwa 20 Min. garen.

Das passt dazu: Frisches Fladenbrot oder Pfannenbrot (Seite 106).

» Hamburger

Quesadillas

Für 8 Quesadillas • einhändig essbar
75 Min.

Für die Tortillas:
- 450 g Dinkelmehl
- 210 ml Wasser
- 60 ml Rapsöl
- 1 gehäufter TL Weinsteinbackpulver

Für die Füllung:
- 2 Fleischtomaten
- 1 Bund Frühlingszwiebeln
- 1 Knoblauchzehe
- 400 g geraspelten Emmentalerkäse

● Für die Tortillas alle Zutaten in eine Schüssel geben und zu einem geschmeidigen Teig verkneten. Den Teig zu einer Rolle formen und in 16 gleich große Stücke teilen. Jeweils auf einer leicht bemehlten Arbeitsfläche hauchdünn zu einem annährend runden Fladen ausrollen und in einer beschichteten Pfanne bei mittlerer Hitze von jeder Seite einige Sekunden ausbacken.

● Für die Füllung die Fleischtomaten waschen, halbieren, entkernen und würfeln. Die Frühlingszwiebeln putzen, waschen und in feine Ringe schneiden. Beides in eine Schüssel geben. Die Knoblauchzehe abziehen und durch eine Presse dazu drücken und untermischen.

● Auf einen flachen Teller einen Tortilla legen, einige Esslöffel Füllung darauf verteilen und mit etwas Käse bestreuen. Die zweite Tortilla darüberdecken und in der Mikrowelle bei 800 Watt etwa 1 Minute erhitzen.

Tipp Die Tortillas und die Füllung können am Tag zuvor vorbereitet werden. Ein tolles Gericht, wenn es mal wieder nicht alle Familienmitglieder zur gleichen Zeit an den Tisch schaffen. Außerdem ist es das perfekte Partygericht.

Vollkorn-Fusilli mit Mangold-Hühnchen

Für 3–4 Portionen
40 Min.

- 350 g Hühnchenbrustfilet
- 1 Staude Mangold
- 5 Zweige Bohnenkraut
- 2 Knoblauchzehen
- 100 g getrocknete Tomaten
- 100 g Butter
- 250 g Vollkorn-Fusilli (oder andere Nudeln)
- 1 Prise Salz
- 600 ml Wasser
- Parmesan nach Belieben

● Das Hühnchenbrustfilet waschen, trocken tupfen und in Streifen schneiden. Den Mangold putzen, waschen, trocken tupfen und klein schneiden. Das Bohnenkraut waschen, trocken tupfen und die Blätter abzupfen. Die Knoblauchzehen abziehen und hacken. Die Tomaten klein schneiden.

● Das Hühnchenfleisch in der heißen Butter anbraten. Nudeln, Tomaten, Knoblauch, Salz, Bohnenkraut, Mangold und Wasser dazugeben und bei geschlossenem Deckel 10 bis 15 Min. köcheln lassen Nach Belieben mit etwas geriebenen Parmesan bestreuen.

Tipp Pastagerichte aus einem Topf (»One-Pot-Pasta«) sind bequeme Zeitsparer & lassen sich schier endlos variieren. Wenn das Verhältnis von Wasser zu Pasta stimmt, können Sie Ihrer Fantasie freien Lauf lassen und Gemüse, Kräuter und andere Zutaten nach Ihren persönlichen Vorlieben kombinieren. Prima, um spontan mit dem saisonalem Gemüse aus der Abokiste zu kochen.

Tomasotto

Für 3–4 Portionen • aus Vorräten, einhändig essbar
30 Min.

200 g Basmatireis • 80 g getrocknete Tomaten • 100 g Parmesan • 1 Zwiebel • 1 Knoblauchzehe • 200 ml passierte Tomaten • 1 EL Olivenöl

- Den Basmatireis in kochendem Wasser nach Packungsanweisung bissfest kochen. In ein Sieb abgießen, abtropfen lassen und wieder in den Topf geben.

- Die getrockneten Tomaten in kleine Stücke schneiden. Den Parmesan fein reiben. Die Zwiebel und den Knoblauch abziehen und fein würfeln bzw. durch eine Presse drücken. Parmesan, getrocknete und passierte Tomaten und Zwiebel in eine beschichtete Pfanne geben. Den warmen Reis dazugeben und das Olivenöl unterheben. Vorsichtig erhitzen, bis der Parmesan geschmolzen und eine saftige Masse entstanden ist.

Mango-Mie

Für 3–4 Portionen
30 Min.

1 reife Mango • 1 daumengroßes Stück Ingwer • 200 g Hühnchenbrustfilet • 1 EL Rapsöl • ½ Dose Kokosmilch (200 ml) • ¼ l Wasser • 150 g Mie-Nudeln

- Die Mango schälen und das Fruchtfleisch an beiden Seiten vom Stein abschneiden. Die Mango in Stücke schneiden. Den Ingwer schälen und fein reiben. Das Hühnchenbrustfilet waschen, trocken tupfen und in Streifen schneiden.

- Das Rapsöl in einem Topf erhitzen und das Fleisch darin scharf anbraten. Die Mango dazugeben und kurz mitbraten. Den Herd ausstellen und den Ingwer und die Kokosmilch zu dem Fleisch geben. Das Wasser im Wasserkocher erhitzen, die Mie Nudeln in eine Pfanne legen und mit dem kochenden Wasser übergießen. 5 Min. ziehen lassen, dabei mehrmals umrühren. Die Hühnchen-Mangomischung unterheben.

AUS DEM SUPPENTOPF

Kürbissuppe

Für 4 Portionen • aus Vorräten, einhändig essbar
50 Min.

ca. 600 g Hokkaidokürbis • 1 große Gemüsezwiebel • 2 Äpfel • 1 Süßkartoffel • 2–3 Möhren • 100 g Butter • 1,3 l Wasser • 1 fingergroßes Stück Ingwer • Kürbiskernöl

- Den Kürbis waschen und entkernen. Die Zwiebel abziehen, die Äpfel schälen, vierteln und entkernen. Die Süßkartoffel und die Möhren schälen. Alle Zutaten würfeln und in einem Topf in der heißen Butter etwa 10 Min. dünsten. Mit dem Wasser ablöschen. Den Ingwer schälen, hineinreiben und unter mehrmaligem Rühren weitere 10 Min. köcheln lassen. Vom Herd nehmen und vorsichtig mit dem Pürierstab fein pürieren, bis eine dicke, homogene Suppe entsteht.

- In Teller füllen und vor dem Servieren mit etwas Kürbiskernöl besprenkeln und mit Brot servieren.

Tipp Kleine Esser bekommen viel Brot und sehr wenig Suppe. Oder die Erwachsenen dippen das Brot vor. Etwas ältere Babys können die abgekühlte (weniger als 40 Grad) Suppe mit etwas Hilfe auch aus einem kleinen Becher oder Eierbecher trinken, wie sonst ihr Wasser.

Irischer Schmortopf

Für 4 Portionen
30 Min. + 3 Std. Garzeit

- 3 Beinscheiben vom Lamm oder ersatzweise Rind
- 500 g Kartoffeln
- 2 Pastinaken
- 2 Zwiebeln
- 1 Knoblauchzehe
- 2 EL Öl
- ca. 300 ml Wasser
- 3 Zweige Thymian
- 1 Lorbeerblatt
- 1 Bund Petersilie

Die Beinscheiben waschen, trocken tupfen und den eventuell vorhandenen Fettrand mehrmals einschneiden. Die Kartoffeln schälen, waschen und in Würfel schneiden. Die Pastinaken schälen und in kleine Stücke schneiden. Die Zwiebeln und den Knoblauch abziehen und fein würfeln.

Das Öl in einem ofenfesten Topf erhitzen und die Beinscheiben scharf anbraten. Das vorbereitete Gemüse dazugeben, kurz anbraten und mit etwa 300 ml Wasser ablöschen. Den Thymian waschen, trocken tupfen, die Blätter abzupfen und mit dem Lorbeerblatt hinzufügen. Im geschlossenen Topf bei niedriger Hitze auf dem Herd oder im Backofen ca. 1 ½ Stunden (Lammfleisch) und 3 Stunden (Rind) schmoren, bis das Fleisch mit der Gabel leicht zu zerteilen ist. Zwischendurch eventuell noch Wasser nachgießen.

Die Petersilie waschen, trocken tupfen, die Blätter abzupfen und fein hacken. Die Beinscheiben mit der sehr in gehackten Petersilie bestreuen.

Gefüllte Paprikaschoten

Für 3–4 Portionen
75 Min.

3 bunte Paprikaschoten • 300 g Rinderhack • 100 ml Wasser • 300 g passierte Tomaten

- Den Backofen auf 180°C Ober-/Unterhitze (160°C Umluft) vorheizen. Von den Paprikaschoten jeweils einen Deckel abschneiden. Das Kerngehäuse und die Trennwände herausschneiden. Die Schoten waschen und mit dem Hackfleisch füllen. Den Deckel darauflegen.

- Die Paprikaschoten nebeneinander in eine ofenfeste Schüssel setzen. Das Wasser und die passierten Tomaten verrühren und zu den Schoten geben. Im Ofen etwa 50 Min. garen.

Das passt dazu: Am besten mit Reis oder Nudeln servieren.

Tipp Reis ist für viele Baby ein Highlight: Anfangs, vor der Perfektionierung des Pinzettengriffs, können Sie einfach eine handvoll weichen, frisch gekochten Reis in Riegelfom fest zusammendrücken. Funktioniert besonders gut mit Basmati. Später haben viele Babys Freude daran, die einzelnen Reiskörner aufzulesen.

Kartoffel-Sellerie-Püree

Für 3–4 Portionen • einhändig essbar
35 Min.

500 g Kartoffeln • 1 Sellerieknolle • 50–75 ml Milch • 1 Stückchen Butter

- Die Kartoffeln schälen, waschen und in Stücke schneiden. Den Sellerie schälen, grob zerteilen und zusammen mit den Kartoffeln in kochendem Wasser etwa 20 Min. weich garen. Abgießen.

- Das Kartoffel-Selleriegemisch mit einem Kartoffelstampfer unter Zugabe von der Milch und der Butter fein pürieren.

Tipp Behalten Sie die Konsistenz im Auge, damit der Püree nicht zu dünn wird – bleibt es recht fest, können es auch Essanfänger meistens problemlos mit den Händen verspeisen. Schmeckt prima zu selbstgemachten Fischstäbchen aus Kabeljau – dazu verwenden Sie einfach die Panade der Hühnchen-Nuggets (Seite 85).

Käsespaghetti

Für 3–4 Portionen • einhändig essbar, einhändig kochbar
20 Min.

50 g Parmesan • 100 g Cheddarkäse • 500 bis 600 ml Wasser • 250 g Gabelspaghetti • frisch geriebene Muskatnuss

- Den Parmesan fein reiben. Den Cheddarkäse raspeln. 500 ml Wasser in einer Pfanne zum Kochen bringen. Die Gabelspaghetti hinzugeben und unter ständigem Rühren bissfest kochen. Falls die Nudeln das Wasser komplett aufgenommen haben, ein wenig Wasser nachgießen. Die Pfanne vom Herd nehmen und den geriebenen Käse unter die heißen Nudeln heben. Mit Muskatnuss abschmecken.

Thai-Curry

Für 3–4 Portionen • einhändig essbar
25 Min.

300 g Hühnchenbrustfilet • 1 Süßkartoffel • 1 Möhre • 1 Gemüsezwiebel • 1 Knoblauchzehe • 1 Stängel Zitronengras • 2 EL Sonnenblumenöl • 1 Dose Kokosmilch • 1/2 TL Kreuzkümmel • 1 TL zerstoßene Koriandersamen

- Das Hühnchenbrustfilet waschen, trocken tupfen und in kleine Stücke schneiden. Die Süßkartoffel und die Möhre schälen und klein schneiden. Die Zwiebel und den Knoblauch abziehen und fein würfeln. Das Zitronengras von den harten, äußeren Blättern befreien und sehr fein hacken.

- Das Öl in einer Pfanne erhitzen und die vorbereiteten Zutaten darin kurz anbraten. Mit der Kokosmilch ablöschen und Kreuzkümmel und Koriander dazugeben. Etwa 10 Min. bei kleiner Hitze weiterköcheln lassen.

Das passt dazu: Mit Basmatireis oder Glasnudeln servieren.

Hackfleisch-Lauch-Suppe

Für 3–4 Portionen • einhändig essbar
⏲ 30 Min.

1 Stange Lauch • 1 Möhre • 2 Schalotten • 3 EL Rapsöl • 500 g gemischtes Hackfleisch • 1,5 l Wasser • 300 g geraspelter Cheddarkäse • 150 g Crème fraîche • Pfeffer

- Den Lauch putzen, waschen und in Ringe schneiden. Die Möhre schälen und in kleine Würfel schneiden. Die Schalotten abziehen und fein würfeln. Das Öl in einem Topf erhitzen und das Gemüse darin anschwitzen. Das Hackfleisch dazugeben und braten, bis es gar ist. Mit dem Wasser ablöschen, einmal aufkochen und die Herdplatte ganz ausstellen. Den Käse und die Crème fraîche unterrühren und schmelzen lassen. Mit etwas Pfeffer abschmecken.

Tipp Dieses Rezept hat einen deutlich natürlicheren und feineren Geschmack, als seine Kollegen mit Fix-Tüten oder Schmelzkäse.

Bunte Rindersuppe mit Rosinenreis

Für 6 Portionen • einhändig essbar
⏲ 2 Std.

ca. 400 g Rindfleisch am Knochen • ca. 3 l Wasser • 1 Bund Suppengemüse • 150 g Reis • 1 Bund Petersilie • 1 Prise Salz • 50 g Rosinen • 1 Stückchen Butter

- Das Fleisch waschen und in einen Topf legen. So viel Wasser angießen, dass das Fleisch knapp bedeckt ist. Aufkochen und bei kleiner Hitze etwa 2 Stunden köcheln lassen. Stets so viel Wasser dazugeben, dass das Fleisch knapp bedeckt ist.

- Das Suppengemüse putzen bzw. schälen, waschen und zerkleinern. Das Gemüse in den letzten 20 Min. mitkochen.

- Den Reis nach Packungsanweisung kochen. Die Petersilie waschen, trocken tupfen, die Blättchen abzupfen und hacken. Das Fleisch herausnehmen, von den Knochen lösen und in Stücke schneiden. Die Brühe mit Salz abschmecken. Das Fleisch wieder hineingeben. Mit der Petersilie bestreuen. Die Rosinen und das Butterstückchen unter den fertigen Reis heben und zur Suppe servieren.

» Bunte Rindersuppe mit Rosinenreis

FÜR ZWISCHENDURCH UND TO GO

Avocado-Sushi-Rolls

Für 3–4 Portionen • aus Vorräten, einhändig essbar
1 Std.

150 g Sushireis • 3 EL Reisessig • 1 Avocado

● Den Sushireis nach Packungsanweisung kochen und dann mit dem Essig vermengen. Die Avocado schälen, halbieren und den Kern entfernen. Das Fruchtfleisch in 4 bis 5 cm lange Streifen schneiden. Den klebrigen Reis mit angefeuchteten Händen zu kleinen Fladen formen und vorsichtig um ein Avocadostück drücken.

Tipp Wer es ganz perfekt mag, drückt den Reis auf einer Sushimatte flach, legt die Avocado darauf und formt mithilfe der Matte eine Rolle. Anschließend die Rolle in einzelne Sushistücke schneiden.

Marokkanisches Pfannenbrot Babout

Für 2 Brote • aus Vorräten, einhändig essbar
75 Min.

- 250 g Hartweizengrieß
- 250 g Weizenmehl
- 1 Prise Salz
- 20 g frische Hefe
- 50 ml lauwarmes Wasser
- 4 EL Rapsöl

● Den Hartweizengrieß, das Weizenmehl und Salz in einer Schüssel mischen und in die Mitte eine Mulde drücken. Die Hefe in lauwarmen Wasser auflösen und in die Mulde gießen. Das Öl dazugeben und mit den Knethaken des Handrührers zu einem glatten und elastischen Teig verkneten. Eine Kugel daraus formen und abgedeckt an einem warmen Ort 30 Min. gehen lassen.

● Den Teig halbieren und jeweils zu 1 cm dicken Fladen formen. Mit einer Gabel einstechen und abgedeckt 15 Min. ruhen lassen. In einer unbeschichteten Pfanne bei niedriger Hitze ohne Fett von jeder Seite etwa 7 Min. goldbraun backen.

Kartoffel-Flinsen

Für 3–4 Portionen • aus Vorräten
40 Min.

500 g vorwiegend festkochende Kartoffeln • 2 EL Mehl • 1 Ei • 2 EL Öl

- Die Kartoffeln schälen, waschen und fein reiben. In einem sauberen Geschirrhandtuch sorgfältig und kräftig ausdrücken. Das Mehl und das Ei dazugeben und untermischen. Das Öl in einer Pfanne erhitzen und den Kartoffelteig mit einem Esslöffel in kleinen Portionen hineingeben, etwas flach drücken und von jeder Seite 2 bis 3 Min. zu goldbraunen Fladen backen.

Tipp Kartoffelflinsen sind eine echte Allrounder und schmecken sowohl pur, als auch mit süßen oder herzhaften Belegen wie Apfelmus, Hummus, Chutneys oder Quark. Die simpelste Zubereitungsmethode und gleichzeitig ein optisches Highlight: Die Kartoffelmasse in einem Waffeleisen für belgische Waffeln ausbacken.

Süßkartoffelchips

Für 3–4 Portionen • aus Vorräten, einhändig essbar
40 Min.

1 Süßkartoffel • 2 EL Olivenöl • ½ TL Kreuzkümmel (ohne Zusätze) • ½ TL süßes Paprikapulver (ohne Zusätze)

- Den Backofen auf 150°C Ober-/Unterhitze (130°C Umluft) vorheizen. Die Süßkartoffel gründlich säubern und waschen, aber nicht schälen und sorgfältig abtrocknen. In 2 bis 3 mm dünne Scheiben schneiden oder hobeln.

- Das Öl und die Gewürze mit den Süßkartoffelscheiben in einen Gefrierbeutel geben, den Beutel verschließen. Den Beutel immer wieder schütteln, um den Inhalt gut durchzumischen.

- Die Kartoffelscheiben nebeneinander auf ein mit Backpapier belegtes Blech legen und im Ofen etwa 15 Min. backen, dann wenden und nochmals etwa 15 Min. backen oder bis die Chips beginnen, knusprig zu werden. Zwischendurch die Ofentür mehrmals kurz öffnen, um Feuchtigkeit entweichen zu lassen.

Gemüsewaffeln

Für 4 Portionen • einhändig essbar
1 Std.

3 Eier • ¼ l Milch • 50 ml Mineralwasser • 50 ml Raps- oder Sonnenblumenöl • 100 g Vollkornweizenmehl • 250 g Dinkelmehl • 2–3 Möhren • 1 kleine bis mittlere Zucchini • 100 g geriebener Emmentaler • Öl für das Waffeleisen

• Eier, Milch, Mineralwasser und Öl in eine Schüssel geben und mit den Quirlen des Handrührers verrühren. Weizen- und Dinkelmehl mischen und unterrühren.

• Die Möhren schälen und auf einer Haushaltsreibe fein raspeln. Die Zucchini putzen, waschen und ebenfalls raspeln. Gemüse und Käse unter den Teig heben. Ein Waffeleisen mit Öl einfetten und aus dem Teig portionsweise Waffeln ausbacken. Sie schmecken warm und kalt.

Tipp Erwarten Sie nicht, dass Ihr Baby in den ersten Wochen oder sogar Monaten von einem bestimmten Gericht etwas isst. Ihr Baby weiß nicht, wann Sie sich besondere Mühe gegeben haben. Es nimmt sich das, was es braucht, und zwar völlig unabhängig davon, wieviel Arbeit Sie sich machen. Deshalb: Kochen nur Dinge, die Sie selbst gern essen – und irgendwann greift auch Ihr Baby mit Appetit zu. Wann genau? Das weiß niemand.

Dinkel-Ricotta-Stangen

Für 4 Portionen • einhändig essbar
75 Min.

400 g Dinkelmehl • 250 g Ricotta • 4 EL Rapsöl • 1 TL Weinsteinbackpulver • 1 Prise Salz

• Den Backofen auf 180°C Ober-/Unterhitze (160°C Umluft) vorheizen. Dinkelmehl, Ricotta, Öl, Weinsteinbackpulver und Salz in eine Schüssel geben und gut durchkneten. Aus dem Teig etwa fingerdicke und fingerlange Stangen formen und nebeneinander auf ein mit Backpapier belegtes Backblech legen. Im Ofen etwa 2o Min. gut durchbacken. Herausnehmen und auskühlen lassen.

Tipp Backen Sie gleich mehr und bewahren Sie die Stangen in einer großen Blechdose auf. Dort bleiben sie etwa 2 Wochen frisch.

Mini-Reisgrieß-Muffins mit Schnittlauch

Für 24 Mini-Muffins • einhändig essbar
50 Min.

- 150 g Dinkelmehl
- ½ Päckchen Weinstein-backpulver
- 100 g Reisgrieß
- 90 ml Olivenöl
- 130 ml Buttermilch
- 1 Ei
- 1 Bund Schnittlauch
- 200 g gestiftelter Emmentaler

● Dinkelmehl, Backpulver, Reisgrieß, Öl, Buttermilch und Ei in einer Schüssel zu einem glatten Teig verkneten. Den Schnittlauch waschen, trocken tupfen, in feine Ringe schneiden und zusammen mit dem Emmentaler unter den Teig heben.

● Den Backofen auf 180°C Ober-/Unterhitze (160°C Umluft) vorheizen. Den Teig in die leicht gefetteten Mulden eines Mini-Muffinsform (für 24 Stück) füllen. Auf das Backofenrost stellen und im Ofen etwa 30 Min. backen.

Apfel-Bananen-Mus

Für 3–4 Portionen • aus Vorräten, einhändig essbar

30 Min.

3 gelbe Äpfel • 100 ml Wasser • 1 sehr reife Banane

- Die Äpfel schälen, vierteln, das Kerngehäuse entfernen und die Äpfel grob zerteilen. In einen Topf geben, das Wasser dazugießen und etwa 20 Min. weich köcheln. Die Apfelmasse in einen Standmixer geben. Die Banane pellen, in Stücke schneiden und hinzufügen. Alles sehr fein pürieren.

Tipp Apfel-Bananen-Mus ist ein püriertes Breigericht, aber: Es ist nicht von Natur aus ein Löffel-Fütter-Gericht. Mit Kartoffelflinsen, Dinkelstangen, als Brotaufstrich oder einfach mit den Fingerchen schmeckt das süße Mus kleinen Selberessern ganz hervorragend. Viele Babys lieben es, die weichen Masse in ihren Händchen konzentriert zu erkunden.

Polentarauten

Für 3–4 Portionen • aus Vorräten, einhändig essbar

15 Min.

½ l Wasser • 150 g vorgegarter Polentagrieß • 75 g geriebener Parmesan

- Das Wasser in einem Topf zum Kochen bringen und den Maisgrieß unter ständigem Rühren dazugeben. 1 Minute aufkochen lassen und währenddessen den Parmesankäse dazugeben. Den Topf vom Herd nehmen und den Grieß 5 Minuten weiter quellen lassen.

- Eine flache Auflaufform oder ein kleines Backblech mit Backpapier auslegen, die Masse hineingeben, glatt streichen und auskühlen lassen. Aus der Form stürzen und in Rauten schneiden.

Tipp Die Polentarauten schmecken groß und klein auch vom Grill mit etwas Butter.

Dattel-Cashew-Riegel

Für 4 Stück • aus Vorräten, einhändig essbar
10 Min.

100 g Cashewkerne • 40 g entsteinte Datteln • 1 EL Kokosflocken

● Die Cashewkerne in einem Standmixer zu einem cremigen Brei vermalen. Die Datteln dazugeben und nochmals pürieren. Die Kokosflocken auf einen Teller geben. Die Cashew-Dattelmasse mithilfe eines geraden Spatels oder großen Messers vorsichtig zu 4 kleinen Riegeln formen und in den Kokosflocken wenden.

Tipp Wussten Sie, dass auch Muttermilch sehr, sehr süß schmeckt? Und das muss Sie auch, denn Hunderte verschiedener Zuckerarten, die noch nicht alle entdeckt und nicht im Labor nachbaubar sind, sorgen für eine gesunde Darmflora. Und die wiederum mindert das Risiko für eine Vielzahl von Erkrankungen wie Diabetes oder Asthma.

Orangen-Ziegenkäsesalat mit Pumpernickel

Für 3–4 Portionen • einhändig essbar
30 Min.

2 Orangen • 3 Feigen • 1 Avocado • 1 EL Olivenöl • 1 Ziegenkäsetaler • 2 Scheiben Pumpernickel

● Die Orangen filetieren. Dafür die Früchte so dick schälen, dass die weiße Haut mit entfernt wird. Dann die Filets zwischen den Trennwänden herausschneiden und den austretenden Saft auffangen. Die Feigen waschen, den Stiel abschneiden und die Feigen zerteilen. Die Avocado schälen, halbieren und den Stein entfernen. Das Fruchtfleisch in Streifen schneiden.

● Die Orangenfilets, die Feigen und die Avocado in eine Schüssel geben. Den Orangensaft und das Olivenöl darüber geben und alles vermengen. Den Ziegenkäse darüber krümeln. Zum Schluss das Pumpernickel würfeln und ebenfalls darüber streuen.

Apfelringe

Für 3–4 Portionen • aus Vorräten, einhändig essbar
10 Min. + 2 Std. Backzeit

2 Äpfel • 1 Zitrone

- Den Backofen auf 150°C Ober-/Unterhitze (130°C Umluft) vorheizen. Die Äpfel schälen und mit einem Ausstecher das Kerngehäuse entfernen. Die Äpfel in knapp ½ cm dicke Scheiben schneiden. Die Zitrone halbieren und auspressen. Das Backblech mit Backpapier auslegen und das Papier dünn mit Zitronensaft bestreichen. Die Apfelringe in einer Schicht auslegen und im Ofen etwa 2 Stunden backen. Dabei einen Holzlöffel in die Backofentür klemmen, um permanent Feuchtigkeit abziehen zu lassen.

Kumpir-Kartoffeln

Für 3–4 Portionen
65 Min.

2 große Kartoffeln • 50 g Pfifferlinge (ersatzweise Champignons) • 1 Bund Frühlingszwiebeln • 1 EL Öl • 1 kleiner Becher griechischer Joghurt

- Den Backofen auf 200°C Ober-/Unterhitze (180°C Umluft) vorheizen. Die Kartoffeln waschen und mit der Schale in Alufolie wickeln. Auf ein Backblech oder in eine Auflaufform legen und im Ofen etwa 1 Stunde garen.

- Inzwischen die Pilze putzen und klein schneiden. Die Frühlingszwiebeln putzen, waschen und in feine Ringe schneiden. Beides in dem Öl schwenken.

- Die Kartoffeln vorsichtig aus dem Ofen herausnehmen und längs aufschneiden. Die Mitte mit der Gabel etwas auflockern, um eine größere Oberfläche zu erhalten. Den Joghurt und die Pilze vermengen und über die Kartoffeln geben.

Baby-»Würstchen«

Für 3–4 Portionen • einhändig essbar

20 Min.

- 1 kleine Möhre
- 1 Schalotte
- 60 g ungewürztes Brät direkt vom Schlachter (alternativ Hackfleisch)
- 1 Ei
- 40 g Semmelbrösel

● Die Möhre schälen und die Schalotte abziehen. Beides zu einem feinen Brei häckseln oder auf der Küchenraspel fein reiben. Das Gemüse mit Brät, Ei und Semmelbröseln gut durchmischen. Zu Mini-Würstchen formen und in einer beschichteten Pfanne ohne Öl vorsichtig, aber vollständig durchbraten (dauert 5 Min.).

Tipp Wenn Sie gerne mal eine größere Portion Hack-Würstchen zubereiten möchten, empfiehlt sich das Braten im Backofen. Dafür die Würstchen auf ein leicht gefettetes Backblech legen und im vorgeheizten Ofen bei 200°C Ober-/Unterhitze (180°C Umluft) etwa 10 Min. braten. Zwischendurch wenden.

EINFACH UND PUR FERTIG

Beeren-Mix mit Grießbrei

Für 3–4 Portionen • einhändig essbar
⏲ 15 Min.

1 Handvoll Erdbeeren • 1 Handvoll Himbeeren • 1 Handvoll Blaubeeren • ½ l Milch • 100 g Weichweizengrieß • 1 Vanilleschote

- Die Beeren waschen, putzen bzw. verlesen und trocken tupfen.

- Die Milch zum Kochen bringen und unter Rühren mit dem Schneebesen den Grieß einrieseln lassen. Unter ständigem Rühren kurz aufkochen lassen. Die Vanilleschote der Länge nach aufschlitzen und das Merk hinein kratzen. Den Topf vom Herd nehmen und die Masse einige Stunden abkühlen lassen. Mit einem großen Esslöffel Nocken abstechen und die Beeren dazu essen.

Tipp Reife Früchte geben dem Grieß eine feine Süße, sodass zusätzlicher Zucker nicht nötig ist.

Hackbällchen

Für 10 Stück • einhändig essbar
40 Min.

- 1 kleine Scheibe Roggenbrot
- etwas Wasser
- 400g Rinderhack
- 1 Messerspitze Senf
- 1 Ei
- Öl zum Braten

● Das Roggenbrot in etwas Wasser einweichen und anschließend gut ausdrücken. Das Hackfleisch in eine Schüssel geben. Die weiche Brotmasse, den Senf und das Ei dazugeben und alles gut verkneten. Aus der Hackmasse 10 Bällchen formen und in der heißen Pfanne mit wenig Öl etwa 15 Min. gut durchbraten.

Tipp Wer es raffinierter mag, füllt die Bällchen mit Käse. Dafür 80 g Cheddar in Stücke schneiden und jeweils ein Stückchen in die Mitte der Bällchen drücken. Übrigens, die Bällchen sind der ideale Picknick-Begleiter für Groß und Klein.

Röstgemüse

Für 8 Portionen • einhändig essbar
1 Std.

1 rote Zwiebel • 150 g Brokkoli • 1 kleiner Zucchino • 250 g neue kleine Kartoffeln • 4 EL Olivenöl • Paprikapulver (ohne Zusatzstoffe) • 100 g Minitomaten • 1 TL Senf • 2 EL Essig • Salz • Pfeffer

- Den Backofen auf 180°C Ober-/Unterhitze (160°C Umluft) vorheizen. Die Zwiebel schälen und grob zerteilen. Den Brokkoli putzen, waschen und in Röschen teilen. Den Zucchino putzen, waschen und in Scheiben schneiden. Die Kartoffeln gut abbürsten, waschen und halbieren.

- Das Gemüse und die Kartoffeln mit dem Olivenöl und Paprikapulver vermengen. Gleichmäßig auf einem Backblech verteilen und im Ofen etwa 30 Min. backen.

- Die Tomaten waschen, zu dem Gemüse geben und weitere 20 Min. backen. Aus dem Senf und dem Essig eine Vinaigrette anrühren. Mit Salz und Pfeffer würzen. Das Röstgemüse aus dem Ofen nehmen und in einer Schüssel anrichten. Die Vinaigrette darübergeben.

Lammkarrees mit Joghurtdip

Für 4 Portionen • einhändig essbar
15 Min. + Marinierzeit

4 Lammkarrees • 2 EL Olivenöl • 1 Knoblauchzehe • 1 Zweig Rosmarin • 250 g griechischer Joghurt • eine Handvoll Minzeblätter • 1 EL Zitronensaft

- Die Lammkarrees waschen, trocken tupfen und in einen Gefrierbeutel geben. Das Öl und den Essig verrühren. Den Knoblauch schälen und durch eine Presse dazudrücken. Den Rosmarin waschen und dazugeben. Den Beutel verschließen und das Fleisch darin über Nacht marinieren.

- Die Minzeblätter waschen, trocken tupfen, sehr fein hacken und mit dem Joghurt und dem Zitronensaft vermengen.

- Das Fleisch aus dem Beutel nehmen, abtropfen lassen und auf höchster Stufe von jeder Seite einige Minuten in der Pfanne anbraten, bis eine Kruste entsteht. In Alufolie einschlagen und einige Minuten ruhen lassen. Den Dip dazu servieren.

Tipp Die Lammkarrees sind unglaublich lecker und schmecken Groß und Klein! Und sie sind mit eingebautem Griff für Essanfänger. Sie schmecken super zu Pellkartoffeln.

Reisbällchen

Für 3–4 Portionen • einhändig essbar
⏲ 45 Min.

Für die Reisbällchen: 100 g Klebreis • 2 Möhren
Für den Auberginen-Dip: 1 Aubergine • 1 EL Zitronensaft • 1 EL Tahini • 1 EL Olivenöl

- Aubergine putzen, waschen und mit der Gabel von allen Seiten einstechen. Auf einem mit Küchenpapier ausgelegten Teller in der Mikrowelle auf höchster Stufe etwa 10 Min. garen, bis das Fruchtfleisch weich ist. Einige Minuten abkühlen lassen, halbieren und mit einem Löffel das Fruchtfleisch herauslösen. Zusammen mit den übrigen Zutaten pürieren.

- Klebreis dämpfen oder ersatzweise kochen. (Wenn Sie keinen Klebreis bekommen, nehmen Sie Basmatireis.). Die Möhren putzen, in etwa ½ Zentimeter dicke Streifen schneiden und einige Minuten in wenig Wasser kochen oder dünsten, bis sie weich sind. Die Möhrenstreifen sehr gut abtropfen lassen und eventuell trocken tupfen. Dann würfeln, vorsichtig mit dem Reis vermischen und zu Bällchen formen. Mit dem Auberginen-Dip essen.

Variante: Die Reisbällchen können auch anstelle von Möhren mit 1 Pastinake, 2 Petersilienwurzeln oder ¼ Kohlrabi zubereitet werden.

Süßkartoffeltoast mit Mandelmus

Für 3–4 Portionen • aus Vorräten, einhändig essbar
⏲ 25 Min.

200 g Mandeln mit Haut • 2 Süßkartoffeln • 1 EL Sesamöl • eventuell etwas Zucker • 1 Banane

- Den Backofen auf 180°C Ober-/Unterhitze (160°C Umluft) vorheizen. Mandeln auf einem Blech verteilen und im Ofen knapp 10 Min. rösten.

- Die Süßkartoffeln waschen, in gut ½ cm dicke Scheiben schneiden und toasten. Je nach Toaster reicht zweimaliges Toasten aus, bis die Süßkartoffelscheiben durchgegart sind.

- Die Mandeln herausnehmen und 5 Min. in einer Schüssel abkühlen lassen. In einem Standmixer verarbeiten, bis die Masse geschmeidig ist. Das Sesamöl dazugeben und je nach Geschmack eventuell etwas Zucker. Die getoasteten Süßkartoffelscheiben großzügig mit dem Mandelmus bestreichen. Die Banane pellen, in dünne Scheiben schneiden und die Toasts damit gleichmäßig belegen.

Tipp Die Süßkartoffeltoasts schmecken auch pur und mit herzhaften Brotbelägen!

» Reisbällchen

Karibik-Mix mit Kokosflocken

Für 3–4 Portionen • einhändig essbar
⏲ 25 Min.

1 Banane • 1 Avocado • 1/4 Ananas (am besten frisch) • 50 g Kokosflocken

• Die Banane pellen und in Stücke schneiden. Die Avocado halbieren, den Kern entfernen und schälen. Das Fruchtfleisch in Spalten schneiden. Die Ananas schälen und in mundgerechte Stücke scheiden.

• Die Kokosflocken auf einen Teller geben und die Fruchtmischung darin wenden. Um zu vermeiden, dass der Fruchtmix feucht liegt, eine umgedrehte Untertasse in eine Schüssel legen und den Mix darauf servieren.

Pellkartoffeln mit Joghurt-Dip

Für 3–4 Portionen • einhändig essbar
⏲ 30 Min.

1 Handvoll festkochende Kartoffeln • 1 Mini-Salatgurke • 1 kleiner Becher griechischer Joghurt • 1 TL sehr feine Schnittlauchröllchen • 1 TL sehr fein gehackte Petersilie

• Die Kartoffeln waschen und mit Schale je nach Größe 20 bis 30 Min. kochen.

• Für den Dip die Mini-Salatgurke schälen und in feine Stifte schneiden. Den Joghurt, den Schnittlauch und die Petersilie verrühren. Die Gurkenstifte unterheben.

• Die Kartoffeln abgießen und abdämpfen lassen. Dann ein paar Sekunden in Eiswasser legen und die Schale mit der Hand bequem abziehen, statt die Kartoffeln mühsam zu pulen. Die Pellkartoffeln schmecken warm und kalt.

Tipp Die Kartoffeln schmecken natürlich auch mit purem Quark, Butter und jeder Art von Fleisch und Gemüse.

» Pellkartoffeln mit Joghurt-Dip

Tolle Snacks für unterwegs

Auch auf Tour lässt sich Baby-lead Weaning super umsetzen! Auf den nächsten Seiten stelle ich Ihnen ein paar Snacks vor, die sich prima transportieren lassen

Herbst-Mix

einhändig essbar

weiche süße Äpfel • weiche süße Birnen

● Weiche, süße Äpfel und Birnen waschen, nach Wunsch schälen, vierteln und entkernen. Dann die Viertel in Spalten schneiden – gelingt immer. Für längere Touren ein Obstmesser mitnehmen, damit die Früchte nicht braun, matschig und unansehnlich werden.

Tipp Äpfel schmecken kleinen Essern auch sehr gut ganz: Mit den ersten Schneidezähnchen raspeln sie sich ein kleines Loch in die Schale und saugen den süßen Apfelsaft und etwas weiches Fruchtfleisch heraus.

Käse-Trauben-Mix

einhändig essbar

kernlose Weintrauben • Gouda

● Die Weintrauben waschen und halbieren. Den Gouda in Blöckchen schneiden.

Tipp Eine Brotdose mit mehreren Fächern macht aus diesen super einfachen Zutaten, einen Vorzeigesnack für die ganze Familie on the go.

Bananenlutscher

einhändig essbar

Banane

- Banane halbieren und die oberen 1 bis 2 cm ringförmig mit einem scharfen Messer einschneiden und von der Schale befreien.

Hart gekochte Eier

aus Vorräten, einhändig essbar, einhändig kochbar

Eier

- Die Eier mindestens 12 Min. in kochendem Wasser hart kochen, abschrecken und pellen. Oder mit Schale für unterwegs mitnehmen. Breifrei-Kinder essen anfangs häufig am liebsten das Eigelb.

Brotbrösel

aus Vorräten

Brot selbst gebacken oder gekauft

- Prima ist das Pfannenbrot (Seite 106) aber auch gutes, gekauftes Brot ist natürlich völlig in Ordnung. Aus übrig gebliebenem oder hartem Brot können Sie Semmelbrösel zubereiten, die sich in einer Blechdose lange halten und für viele Rezepte als Grundlage dienen können.

Cashewbutter

aus Vorräten, einhändig essbar, einhändig kochbar

Eine Tüte Cashewkerne • Ein guter Standmixer

- Die Cashewkerne in einen Standmixer geben und so lange fein hacken, bis ein weicher und geschmeidiger Aufstrich entsteht. So einfach. So lecker.

DESSERTS & GEBÄCK

Himbeertraum

Für 3–4 Portionen • aus Vorräten, einhändig essbar, einhändig kochbar
⏲ 10 Min.

300 g tiefgefrorene oder selbst eingefrorene Himbeeren • 250 g Quark

- Die gefrorenen Himbeeren mit dem Quark im Standmixer zerkleinern, bis eine homogenen Masse entsteht und sofort servieren.

Tipp Gefrorene oder angefrorene Speisen sind eine großartige Herausforderung für die kindlichen Sinne. Es muss nicht immer alles Raumtemperatur haben. Kinder, die beim Essen vor besonderen mundmotorischen Herausforderungen stehen, helfen sanfte Kältereize zum Beispiel in Eisform bei der Perfektionierung ihrer Essfähigkeiten. Und auch gesunden Babys macht Eis natürlich einfach Spaß.

Erdnuss-Eistorte

Für 3–4 Portionen • einhändig essbar

1 Std. + Gefrierzeit

- 3 Bananen
- 1 Dose Kokosmilch
- 200 g Erdnüsse
- 2 getrocknete Datteln
- 50 ml Kokosöl
- 2 EL ungesüßtes Kakaopulver

● Die Bananen pellen, in dünne Scheiben schneiden, in einen Gefrierbeutel geben und einfrieren.Die Kokosmilch kühl stellen. Die Erdnüsse in einen Standmixer geben und zu einer glatten Paste verarbeiten. Nach und nach die Datteln, die Kokosmilch und schließlich die gefrorenen Bananen dazugeben.

● Die Masse in eine Schüssel passender Größe geben und für 3 bis 4 Stunden ins Gefrierfach stellen. Dabei anfangs alle ¼ Stunde umrühren, bis die Masse fest geworden ist. So wird die Bildung von Eiskristallen verhindert.

● Inzwischen das Kokosöl mit dem Kakaopulver mischen. Vorsichtig auf niedrigster Stufe in der Mikrowelle erwärmen, bis die Kakaomasse dickflüssig ist. Die Schüssel herausnehmen und auf einen Teller stürzen. Vorsichtig mit der Kakaomasse übergießen und servieren.

Obstspießchen

Für 3–4 Portionen • einhändig essbar
30 Min.

2 Bananen • 2 süße, weiche Apfel • 10 kurze Bambus-Knotenspieße • 1 Bio-Zitrone • 50 g Kokosflocken

● Die Bananen pellen. Die Äpfel schälen, vierteln und entkernen. Beides in Stücke schneiden und abwechselnd auf die Spieße stecken. Die Zitrone heiß waschen, trocken abreiben, etwas Schale abreiben und auf einem Teller mit den Kokosflocken mischen. Die Zitrone halbieren, auspressen und den Saft in einen zweiten Teller geben. Die Spieße zuerst im Zitronensaft und dann kurz in den Kokos-Zitronenflocken wenden.

Kiwi-Eis

Für 4–6 Portionen • einhändig essbar
30 Min. + Gefrierzeit

9 Kiwis • Eisformen

● 8 Kiwis schälen und fein pürieren oder mit einer Gabel zerdrücken. Die restliche Kiwi schälen und in 3 bis 4 mm dicke Scheiben schneiden. Jeweils 2 Kiwischeiben so in eine Eisform (ca. 100 ml Inhalt) legen, dass sie an den Wänden der Form anliegen. Den Rest mit dem Kiwipüree auffüllen. Im Gefrierfach so lange einfrieren, bis das Eis fest ist.

Tipp Wer keine Eisformen hat, kann auch einen Plastiklöffel in ein mit Frischhaltefolie fest überzogenes schmales Glas oder einen Becher stecken.

Feigen mit Ziegenkäse

Für 4 Portionen • einhändig essbar
⏲ 10 Min.

4 frische Feigen • ca. 100 g Ziegenfrischkäse

● Die Feigen waschen, den Stielansatz abschneiden und halbieren. Mit dem Teelöffel vorsichtig in der Mitte einschlitzen und etwas auseinanderziehen und einen Klecks Ziegenfrischkäse hineingeben.

Tipp Babys sind von Natur aus unglaublich abenteuerlustige Esser. Ob Kapern, Aal oder Ziegenkäse – manch einer wundert sich, was einem Babygaumen schon alles schmeicheln kann. Machen Sie sich darauf gefasst, dass die Experimentierfreudigkeit im Kindergartenalter wieder deutlich weniger wird, um dann im Schulalter wieder zurückzukehren, um dann dauerhaft zu bleiben.

Schoko-Bananen-Kuchen

Für ca. 10 Stücke • einhändig essbar
⏲ 30 Min.

2 reife Bananen • 200 g Mehl • 30 g Kakaopulver • 1 TL Weinsteinbackpuler • 80 ml Rapsöl • 1 EL Essig • ¼ l Milch • etwas Öl oder Butter für die Form

● Den Backofen auf 180°C Ober-/Unterhitze (160°C Umluft) vorheizen. Die Bananen pellen und mit einer Gabel zerdrücken. Mehl, Kakaopulver, Backpulver, Öl, Essig und Milch in einer Schüssel mischen. Die zerdrückten Bananen dazugeben. Den Teig in eine gefettete, kleine Gugelhupfform geben, glatt streichen und etwa 40 Min. backen. Herausnehmen und auskühlen lassen.

Tipp »Wenn du aufisst, scheint morgen die Sonne«, »nur noch drei Bissen bitte«, »wenn du nicht aufisst, dann gibt es keinen Nachtisch«. Falls Sie es irgendwie schaffen, koppeln Sie Essen nicht an Belohnung oder Bestrafung. Erstens funktioniert das sowieso nicht und ist Stress für alle Beteiligten und zweites macht es das tolle Hunger-Satt-Gefühl kaputt, dass Sie ja gerade erhalten wollten.

» Schoko-Bananen-Kuchen

Buchweizen-Blinis

Für 3–4 Portionen
40 Min. + Ruhezeit

- 100 g Weizenmehl
- 50 g Buchweizenmehl
- 1 Würfel frische Hefe
- 170 ml lauwarme Milch
- 1 Ei
- 40 g weiche Butter
- Rapsöl zum Braten

● Die Mehlsorten mischen und in die Mitte eine Mulde hineindrücken. Die Hefe zerbröckeln und mit einer Gabel in der lauwarmen Milch auflösen. Das Hefegemisch in die Mulde geben und mit etwas Mehl verrühren. Abgedeckt an einem warmen Ort 15 Min. gehen lassen. Dann zu einem glatten Teig verkneten und nochmals gehen lassen, bis sich das Teigvolumen verdoppelt hat.

● Das Ei und und die Butter zum Teig geben und unterkneten. Abgedeckt weitere 30 Min. gehen lassen.

● Etwas Öl in einer beschichteten Pfanne erhitzen. Portionsweise Teigkleckse mit einem Durchmesser von 6 bis 7 cm hineingeben und zu Blinis ausbacken.

Das passt dazu: Lecker mit Marmelade, saurer Sahne oder einem Stückchen Lachs.

Maronen-Trüffelpralinen

Für 6–8 Stück • aus Vorräten, einhändig essbar
15 Min.

50 g entsteinte Backpflaumen • 50 g Esskastanien • 1 TL ungesüßtes Kakaopulver

● Die Backpflaumen und die Esskastanien in einem Standmixer zerkleinern, bis eine noch leicht körnige Struktur entsteht. Sechs bis acht Kugeln formen. Das Kakaopulver in eine kleine Müslischale füllen. Kugeln darin einzeln rollen, sodass sie rundum mit Pulver bedeckt sind.

Tipp Esskastanien bekommen Sie fix und fertig gegart, geschält und eingeschweißt oder frisch. Die frischen Kastanien ritzen Sie mit einem scharfen Küchenmesser kreuzweise ein und rösten Sie bei 200 Grad etwa 20 Min. im Backofen.

Obstsalat

Für 3–4 Portionen • einhändig essbar
30 Min.

1 Banane • 1 Pfirsich • 1 Handvoll kernlose Trauben • 200 g frische Ananas • 1 Handvoll Kirschen • 1 Handvoll Blaubeeren • 1 Handvoll Brombeeren • 1 Birne

● Das Obst putzen, evtl. entsteinen, waschen und in Stücke schneiden oder halbieren. Die Früchte in einer Schüssel mischen und abgedeckt einige Stunden oder über Nacht ziehen lassen.

Tipp Faustregel: Je jünger das Baby, desto größer die Stücke. Schmeckt groß und klein!

Erdbeer-Minz-Piroggen

Für 3–4 Portionen
1 Std.

- 350 g Mehl
- 1 Prise Salz
- 1 Ei
- 1/8 l Wasser
- 500 g Erdbeeren
- 3–4 kleine Zweige frische Minze

● Mehl, Salz, Ei und Wasser in einer Schüssel gut verkneten und etwa 30 Min. abgedeckt ruhen lassen.

● Die Erdbeeren waschen, putzen und in kleine Stücke schneiden. Die Minze waschen, trocken tupfen, die Blättchen abzupfen, klein hacken und zu den Erdbeeren geben.

● Den Teig auf leicht bemehlter Arbeitsfläche 1 bis 2 mm dick ausrollen und mit einem großen Becher (8 bis 10 cm Durchmesser) runde Plätzchen ausstechen. In die Mitte jeweils 1 TL Füllung geben, die Ränder sorgfältig über der Füllung zusammendrücken. In einem großen Topf Wasser leise köcheln lassen und die Piroggen portionsweise vorsichtig hineingeben. Die Piroggen sind gar, wenn sie oben schwimmen.

Tipp Die süßen Piroggen schmecken auch gut mit etwas aufgeschlagener Sahne.

FESTE FEIERN MIT BABY

Halloween-Röstkürbis

Für 3–4 Portionen • einhändig essbar
1 Std.

500–800 g Hokkaidokürbis • 2 Zweige Thymian • 50 ml Olivenöl • 1/4 TL gemahlene Nelken • 100 g Pecorinokäse • 50 g Semmelbrösel

● Den Backofen auf 180°C Ober-/Unterhitze (160°C Umluft) vorheizen. Den Kürbis waschen, vierteln, entkernen, in daumendicke Spalten schneiden und in eine Auflaufform geben. Den Thymian waschen, trocken tupfen und die Blättchen abzupfen. Olivenöl, Thymian und Nelken unter den Kürbis mischen. Den Pecorino und die Semmelbrösel ebenfalls mischen und den Kürbis damit bestreuen. Im Ofen ca. 40 Min. backen, bis der Kürbis weich ist.

Silvester-Berliner mit Hagebuttenmark

Für 12 Stück • einhändig essbar

1 Std. + 70 Min. Ruhezeit

- 500 g Mehl
- 1 Würfel frische Hefe
- 50 g Zucker
- 200 ml lauwarme Milch
- 5 Eigelb
- 60 g Butter
- 1 Prise Salz
- abgeriebene Schale von 1 Bio- Zitrone (etwa 1 bis 2 TL)
- 1 l Rapsöl
- Hagebuttenmark

● Das Mehl in eine Schüssel geben und in die Mitte eine Mulde drücken. Die Hefe zerbröckeln und zusammen mit 1 TL Zucker in der lauwarmen Milch auflösen. Das Hefegemisch in die Mulde geben und mit etwas Mehl verrühren. Abgedeckt an einem warmen Ort 10 Min. gehen lassen.

● Übrigen Zucker, Eigelbe, Butter, Salz und Zitronenschale dazugeben und gut durchkneten. Abgedeckt 30 Min. gehen lassen. Erneut verkneten, in 12 Stücke teilen und zu Kugeln formen. Nochmals 30 Min. gehen lassen.

● Das Öl in einem breiten Topf auf 170°C erhitzen. Die Teigkugeln portionsweise hineingeben und vorsichtig von jeder Seite 2 Min. frittieren. Mit einer Schaumkelle herausnehmen und auf Küchenpapier abtropfen lassen.

● Das Hagebuttenmark mit einem Spritzbeutel mit harter Tülle seitlich in die Berliner füllen (noch besser geht eine große Einwegspritze ohne Nadel aus der Apotheke für ein paar Cent).

Sommerfest-Meloneneis

Für 8–10 Portionen • aus Vorräten, einhändig essbar
30 Min. + 3–4 Std. Gefrierzeit

1 Wassermelone • A-Sager (Mundspachtel, z.B. aus der Apotheke) • Backpapier

● Die Melone halbieren. Mit der Schnittfläche nach unten auf ein Schneidebrett legen und in gleichförmige Tortenstücke schneiden. Mit der zweiten Hälfte wiederholen. Jedes Melonenstück vorsichtig mit einem Messer anstechen und jeweils einen A-Sager mindestens bis zur Hälfte in den Schlitz schieben, sodass er fest sitzt. Anschließend auf Backpapier legen, sodass sich die einzelnen Stücke nicht berühren und mindestens 3 bis 4 Stunden einfrieren. Hält sich in einer Kühlbox mehrere Stunden.

Osterbrot-Spirale

Für 1 Brot • einhändig essbar
1 Std. + 45 Min. Ruhezeit

500 g Mehl • 1 Prise Salz • 20 g frische Hefe • 50 g Rübensirup • 120 ml lauwarme Milch • 60 g Butter • 1 Ei

● Das Mehl in eine Schüssel sieben, das Salz untermischen. In die Mitte eine Mulde hineindrücken. Die Hefe zerbröckeln und mit 1 TL Sirup in der lauwarmen Milch auflösen. Das Hefegemisch in die Mulde geben und mit etwas Mehl vermischen. Abgedeckt an einem warmen Ort 15 Min. gehen lassen. Restliche Zutaten dazugeben und verkneten, bis ein glatter, elastischer Teig entsteht. Erneut 30 Min. gehen lassen.

● Den Backofen auf 180°C Ober-/Unterhitze (160°C Umluft) vorheizen. Den Teig nochmals kneten und anschließend vierteln. Jedes Viertel nochmals teilen und daraus 2 etwa 25 cm lange Stränge rollen. Die Stränge miteinander verdrehen, sodass ein zweiadriger Zopf entsteht. Den Zopf zu einem Kreis verschließen.

● Den Zopf auf ein mit Backpapier belegtes Backblech legen und im Ofen etwa 45 Min. backen.

Herbstlicher Zwiebelkuchen

Für 4 Portionen • einhändig essbar
80 Min.

Für den Teig: 250 g Mehl • 20 g frische Hefe • 60 ml lauwarme Milch • 30 g Butter • 1 Ei • 1 Prise Salz
Für den Belag: 1 Gemüsezwiebel • 200 Schinkenspeck • 3 Eier • 125 g Sahne • 100 g Crème fraîche • Pfeffer • 1 EL zerstoßener Kümmel

- Mehl in eine Schüssel sieben und in die Mitte eine Mulde hineindrücken. Die Hefe zerbröckeln und in der lauwarmen Milch auflösen. Das Hefegemisch in die Mulde geben und mit etwas Mehl vermischen. Abgedeckt an einem warmen Ort etwa 15 Min. gehen lassen. Die Butter schmelzen und lauwarm zum Mehl gießen. Das Ei und 1 Prise Salz dazugeben und alles verkneten. Abgedeckt erneut 30 Min. gehen lassen.

- Zwiebel abziehen und in feine Ringe schneiden oder reiben. Den Speck würfeln und in der Pfanne mit den Zwiebelringen auslassen. Restliche Zutaten darunter mischen.

- Den Backofen auf 180°C Ober-/Unterhitze (160°C Umluft) vorheizen. Den Teig auf leicht bemehlter Arbeitsfläche dünn ausrollen und eine große gefettete Pie- oder Tarteform auslegen. Die Füllung hineingeben und etwa 30 Min. backen.

Kinderketchup fürs Grillfest

Für 10 Portionen
30 Min.

400 g stückige Tomaten aus der Dose • 140 g Tomatenmark • 1 TL Senf (oder ½ TL zerstoßene Senfkörner), • ½ TL Kurkuma • 1 Prise Salz • etwas schwarzer Pfeffer • Saft von ½ kleinen Zitrone • 1 Knoblauchzehe • eventuell etwas Zucker zum Abschmecken

- Tomaten, Tomatenmark, Gewürze und Zitronensaft in einen kleinen Topf geben. Die Knoblauchzehe abziehen und durch eine Presse dazudrücken. Die Masseunter Rühren aufkochen und einige Minuten köcheln lassen, bis sie dicklich ist. Eventuell mit Zucker abschmecken.

Tipp Das Ketchup ist in einer Weck-Saftflasche ein tolles Mitbringsel auf jedem Grillfest mit Kindern.

» Herbstlicher Zwiebelkuchen

Knäxenhaus

Für 1 Haus
90 Min.

- 1 Packung Knäckebrot
- 2 Tafeln Zartbitterschokolade (90% Kakaoanteil)
- Rosinen, Vollkornkekse, Dinkelchen etc. zum Dekorieren

● Die Knäckebrot-Scheiben in Hausteile schneiden: Zwei ganze Scheiben bilden den Giebel, eine ganze Scheibe den Untergrund. Nun vorsichtig mit einem scharfen Messer für beide Seiten passende Giebelteile schneiden. Für Fingerfertige: Die Giebel mit dem Messer oder kleinen Keksformen mit Fenster und Tür versehen.

● Die Zartbitterschokolade in einen Gefrierbeutel füllen und den Beutel fest verknoten. In einem Topf mit reichlich Wasser vorsichtig erwärmen (nicht kochen!). Eine Ecke vom Beutel abschneiden und als Spritztülle benutzen. Die Schokolade darf nicht dünnflüssig sein, sondern muss etwas zäh bleiben. Etwas Schokolade als Klebekanten auftragen und das Haus zusammenkleben. Ein paar Süßigkeiten (Rosinen, Vollkornkekse und Dinkelchen) auf dem Haus verteilt mit Schokolade aufkleben.

Tipp Ein Lebkuchenhaus ist eine tolle Dekoration und ein großer Spaß für die ganze Familie! Sie können bei der Deko auch ganz Ihrer Fantasie freien Lauf lassen. Statt geschmolzener Schokolade können Sie auch einfach Puderzucker mit etwas Zitronensaft mischen.

Essbarer Adventskalender

Für 1 Stück • aus Vorräten, einhändig essbar
1 Std.

500 g fein gemahlene Mandeln • 500 g fein gemahlene Haselnüsse • abgeriebene Schale von 1 Bio-Zitrone • 1 Vanilleschote • 4 Eiweiß • 24 Seidenbänder • Eventuell Zahlenausstecher

- Die Mandeln, die Haselnüsse und die Zitronenschale mischen. Die Vanilleschote der Länge nach aufschlitzen, das Mark in die Mandelmischung kratzen und untermischen. Die Eiweiße steif schlagen und vorsichtig ebenfalls darunter mischen.

- Den Backofen auf 180°C Ober-/Unterhitze (160°C Umluft) vorheizen. Die Masse portionsweise auf etwa ½ cm Dicke gleichmäßig flach drücken oder ausrollen und mit Zahlenformen ausstechen. Löcher für späteres Aufhängen an den Bändern mit einem Zahnstocher einstechen. Auf ein mit Backpapier belegtes Backblech legen und etwa 10 Min. backen. Jeweils 1 bis 2 Zahlen auf ein Seidenband fädeln und aufhängen.

Tipp Mit ein bisschen Geschick können Sie die Umrisse der Zahlen auch freihändig mit einem scharfen Messer ausschneiden.

Wackelapfelpudding

Für 3–4 Portionen • aus Vorräten, einhändig essbar, einhändig kochbar
10 Min. + Kühlzeit

1/2 l Apfelsaft • 1 Tüte Agar-Agar

- Den Apfelsaft in einen Topf gießen. Das Agar-Agar dazugeben und nach Packungsanweisung aufkochen. In kleine unzerbrechliche Becher oder Silikonförmchen füllen und im Kühlschrank kalt werden lassen. Aus dem Becher schlecken oder vorsichtig aus der Silikonform lösen.

Tipp Wackelpudding lässt sich aus jedem Fruchtsaft herstellen: Versuchen Sie auch mal Trauben-, Kirsch- und Granatapfelsaft oder Hagebuttentee. Als Hingucker für Feste und Feiern können Sie ein Apfelscheibchen, Erdbeeren, Kiwistücke oder anderes Obst in den Pudding geben.

Geburtstags-Traumtorte

Für 1 Torte • einhändig essbar
1 Std. + Kühlzeit

- 70 g Butter
- 10 Vollkornbutterkekse
- 600 g Quark
- 300 g Mascarpone
- 100 g Sahne
- 600 g Blaubeeren oder Himbeeren (frisch oder tiefgefroren)
- 8 Blatt Gelatine

● Die Butter weich werden lassen. Die Vollkornbutterkekse fein zerbröseln, mit Butter mischen und gleichmäßig in den Boden einer hohen Springform (12,3×10 cm) drücken.

● Den Quark und die Mascarpone verrühren. Die Sahne steif schlagen und unterheben. Diese Mischung in vier Schüsseln aufteilen und in drei davon jeweils 70, 180 und 250 g Beeren mischen, sodass unterschiedliche Farbabstufungen entstehen. Jeweils 2 Blatt Gelatine nach Packungsanweisung einweichen. Zuerst 2 Blatt Gelatine ausdrücken und in einem kleinen Topf unter Rühren auflösen. 2 EL von der dunklen Quarkmischung dazugeben und unterrühren. Diese Mischung unter die restliche dunkle Masse rühren. Auf dem Keksboden in der Springform glatt streichen. Kühl stellen.

● Mit den verbliebenen drei Schüsseln mit Quarkgemisch genauso verfahren. Mit den restlichen Beeren dekorieren.

Tipp Die Torte wirkt am besten in einer extra hohen und schmalen Springform. Wer diese nicht hat, kann auch eine andere kleine Springform verwenden.

Zutaten-Register

Liebe Leserin, lieber Leser,

hat Ihnen dieses Buch weitergeholfen? Für Anregungen, Kritik, aber auch für Lob sind wir offen. So können wir in Zukunft noch besser auf Ihre Wünsche eingehen. Schreiben Sie uns, denn Ihre Meinung zählt!

Ihr TRIAS Verlag

E-Mail Leserservice
Kundenservice@trias-verlag.de

Lektorat TRIAS Verlag
Postfach 30 05 04
70445 Stuttgart
Fax: 0711 89 31-748

Rezeptverzeichnis

Stichwortverzeichnis

Bibliografische Information der Deutschen Nationalbibliothek
Die Deutsche Nationalbibliothek verzeichnet diese Publikation in der Deutschen Nationalbibliografie; detaillierte bibliografische Daten sind im Internet über http://dnb.d-nb.de abrufbar.

Programmplanung: Uta Spieldiener
Redaktion: Regina Rautenberg
Bildredaktion: Christoph Frick, Nadja Giesbrecht
Umschlaggestaltung und Innen-Layout:
Dominique Loenicker, Stuttgart

Bildnachweis
Umschlagfoto: Getty Images
Fotos im Innenteil: Fotolia: S. 6, 23; plainpicture/Cavan Images: S. 8/9, plainpicture/Cultura/Wonwoo Lee: S. 21, plainpicture/Westend61/George J: S. 39, plainpicture/Mike Schaefer: S. 50; Photononstop: S. 15; Getty Images/Tetra images RF: S. 18

Alle Rezeptfotos: Meike Bergmann, Berlin
Foodstyling: Caroline Franke, Berlin

Illustrationen S. 52/52: Anja Jahn, Stuttgart

1. Auflage 2017

Rüdigerstr. 14, 70469 Stuttgart

Printed in Germany

Satz und Repro: Reemers Publishing Services GmbH, Krefeld
gesetzt in Adobe Indesign CC 2015
Druck: AZ Druck und Datentechnik GmbH, Kempten

Gedruckt auf chlorfrei gebleichtem Papier

ISBN 978-3-432-10454-6
Auch erhältlich als E-Book:
eISBN (PDF) 978-3-432-10455-3
eISBN (ePub) 978-3-432-10456-0

1 2 3 4 5 6

Wichtiger Hinweis: Wie jede Wissenschaft ist die Medizin ständigen Entwicklungen unterworfen. Forschung und klinische Erfahrung erweitern unsere Erkenntnisse. Ganz besonders gilt das für die Behandlung und die medikamentöse Therapie. Bei allen in diesem Werk erwähnten Dosierungen oder Applikationen, bei Rezepten und Übungsanleitungen, bei Empfehlungen und Tipps dürfen Sie darauf vertrauen: Autoren, Herausgeber und Verlag haben große Sorgfalt darauf verwandt, dass diese Angaben dem Wissensstand bei Fertigstellung des Werkes entsprechen. Rezepte werden gekocht und ausprobiert. Übungen und Übungsreihen haben sich in der Praxis erfolgreich bewährt.

Eine Garantie kann jedoch nicht übernommen werden. Eine Haftung des Autors, des Verlags oder seiner Beauftragten für Personen-, Sach- oder Vermögensschäden ist ausgeschlossen.

Geschützte Warennamen (Warenzeichen) werden nicht besonders kenntlich gemacht. Aus dem Fehlen eines solchen Hinweises kann also nicht geschlossen werden, dass es sich um einen freien Warennamen handelt.